U0093616

話說淡水

Tamsui auf einen Blick

中文‧德文對照

Chinesischer und Deutscher Vergleichstxet

編著 / 吳錫德　　翻譯 / 張福昌　　插畫 / 陳吉斯

淡江大學出版中心

市長序

淡水擁有秀麗的河海景觀、豐富的人文意象，素為臺灣的代表性據點之一，也是許多人心靈的原鄉。回顧歷史，淡水曾經是臺灣的第一大港，也是北臺灣最早接觸到西方文明之處，而幾百年發展的沉澱，也造就淡水今日「世界遺產潛力點」的實力。新北市政府一定盡全力讓這片土地上的珍貴資產，能得到妥善的保存，讓更多人能意識到文明累積之不易，進而去探究巍峨建築背後，所蘊藏著一則又一則的動人故事。

自 1950 年在淡水創校迄今已逾一甲子的淡江大學，是臺灣相當重要的高等學府，孕育無數優秀人才。由淡江大學來出版《話説淡水》多語導覽手冊，可以説是再洽當也不過，這本手冊包含英、西、法、德、日、俄等不同外語的譯本，展現國際化、資訊化及未來化的教育觀，可以幫助國際友人了解淡水，更可以提高淡水的國際能見度。

值《話説淡水》付梓之際，期待本書成為世界各地人士深入認識臺灣的入門磚，也藉由淡水豐富資源之躍然紙上，呈現新北市的地靈人傑，鼓勵人們積極探訪這座無盡藏的美麗城市。

新北市 市長

Vorwort des Bürgermeisters

Tamsui ist eine Stadt mit einer reichen Kultur und einer schönen Landschaft am Fluss und Meer. Seit langem ist sie sowohl ein repräsentativer Ort Taiwans als auch die geistige Heimat vieler Menschen. Wenn wir auf die Geschichte zurückschauen, sehen wir, dass Tamsui einst den größten Hafen in Taiwan hatte und auch den ersten Kontakt mit der westlichen Zivilisation im Norden von Taiwan hergestellt hat. Nach Hunderten von Jahren hat Tamsui sich zum "potenziellen Weltkulturerbe" entwickelt. Es ist eine Verpflichtung der Regierung in Neu-Taipeh-Stadt, die kulturellen Werte unseres Landes zu schützen, damit auch unseren Nachfahren die bewegte Geschichte erhalten bleibt.

Die Tamkang-Universität wurde im Jahr 1950 gegründet und blickt auf eine mehr als 60-jährige Geschichte zurück. Sie ist eine wichtige Universität und hat viele Absolventen. Die Publikation der mehrsprachigen Broschüre über Tamsui von der Tamkang-Universität ist genau passend. Sie enthält Übersetzungen auf Englisch, Spanisch, Französisch, Deutsch, Japanisch und Russisch, und zeigt die Bildungskonzepte in Bezug auf eine Internationalisierung und Zukunftsorientierung. Die Broschüre hilft den internationalen Freunden, Tamsui kennenzulernen und erhöht gleichzeitig die internationale Sichtbarkeit Tamsuis.

Ich hoffe, dass diese Broschüre mit ihren vielfältigen und lebhaften Schilderungen von Tamsui den Menschen aus aller Welt als eine Einladung dient, Taiwan besser kennenzulernen. Mögen viele Menschen von überall her angelockt werden, die schöne Neu-Taipeh-Stadt zu besuchen.

Der Bürgermeister von Neu-Taipeh-Stadt, Dr. Li-Lun Chu

目次

inhaltsverzeichnis

Tamsui
01

歷史上的淡水

淡水，台灣最富傳奇色彩的山城河港。數百年來，接納一波波來自南海及中國大陸的移民，人來人往，蒼海桑田。

這些豐富有趣、變化萬千的時空故事，直到今天都仍然保留著彌足珍貴的痕跡。從淡水對岸的觀音山頂上眺望，在長河、山丘與大海之間，淡水迷人的「山城河港」特色一覽無遺。三百年前的古城堡、傳統的老街古廟、異國風情的洋樓、豐富多樣的美景，甚至岸邊急駛而過的捷運班車，還有悠閒漫遊的自行車群……這一切既幸福，又愜意！

淡水在哪裡？

淡水在台北盆地西北方，濱臨台灣海峽，為淡水河的出海口。東邊與台北市北投相接，北與三芝為鄰，南方則隔淡水河與八里對望。境內多為大屯火山的餘脈散佈，是為五虎崗。只有南邊沿淡水河岸有狹小的平原。

新淡水八景

1. 埔頂攬勝（紅毛城一帶之埔頂地區）
2. 大屯飛翠（大屯山）
3. 沙崙看海（沙崙海灘）
4. 水岸畫影（淡水河岸）
5. 紅樹傍橋（紅樹林、關渡大橋）
6. 河口霞天（淡水河口）
7. 觀音水月（觀音山）
8. 滬街訪古（淡水老街）

「淡水」的由來

據歷史學者陳宗仁考證，古時中國船隻航行各地必須補充淡水，「淡水」意指可停留補充淡水之地。17 世紀，西方殖民勢力進入東亞，台灣位居東亞貿易轉運點，做為北台灣重要河港的淡水其地位更形重要。「淡水」之名亦紛紛出現於當時西方人編製的地圖與文獻典籍中，常見拼法有「Tanchui、Tamchuy 」（西班牙語）、「Tamsuy」（荷蘭語）等。這些皆由「淡水」音轉而來，顯見至 17 世紀當時「淡水」一名已被接受成為慣稱，而當時「淡水」的範圍泛指淡水河口附近海面、淡水港及其周邊地域。

「滬尾」之意

滬尾為淡水古名，關於「滬尾」地名由來概有四說:（一）滬魚說 、（二）魚尾說、（三）石滬說、（四）原住民音轉說。歷史學者張建隆撰有〈滬尾地名考辨〉一文，指出一份繪於雍正年間的《臺灣附澎湖群島圖》，圖中可見淡水營西方標有「滬尾社」之名，進一步證明滬尾名稱是由原住民音轉而來。

尋奇對話

Q 這裡取名「淡水」還真有趣？

A 這個名字的由來有好幾種說法：一說是漢人船民能在這裡找到淡水，所以才這樣稱呼這裡。另一個古名叫「滬尾」（Hobe），應該就是這裡的最早原住民的名稱。

Q 繼漢人之後，還有哪些國家的勢力來過這裡？

A 最早是荷蘭人，接著有西班牙人、法國人、英國人，最後就是日本人。日本人因為打敗了清廷，獲得割地賠償，佔領台灣 50 年，直到 1945 年才還給漢人。

Q 現在這裡就是漢人的社會，人口幾乎都是漢人！漢人是什麼時間大量移入的？

A 這裡離中國大陸很近，最近的只有 130 公里。從 18 世紀起即已有大批大陸沿海的居民非法並大批遷移至此。淡水就是進入北台灣的唯一大港。清廷最後在 1885 年正式將台灣畫入版圖，設置省會。

Q 美國好萊塢電影公司曾在此拍製一部電影，片名叫做《聖保羅砲艇》（The Sand Pebbles），由史迪夫‧麥昆（Steve McQueen）主演？

A 是的。那是 1965 年在淡水拍攝的。這裡做為 1926 年中國大陸長江的背景。美國這艘船艦捲入中國內戰的故事。

Q 所以淡水應該有許多歷史古蹟？

A 是的。這裡有許多比台灣其他城市還更多、更豐富的古蹟。而且文藝活動也很活躍。現在更是北台灣重要的觀光及休閒城鎮。

Tamsui
02

渡
船
頭

淡水渡船碼頭是古代漢人移入北台灣的最大港口，早年這裡也是內河航運的轉口。二三百年前風帆點點，魚貫入港，人聲鼎沸的場景只留在畫冊或傳說裡。日據時代基隆港取代它的海運地位，1982 年關渡大橋通車後，渡輪逐漸沒落，僅剩淡水至八里的渡船仍繼續營運。藍色船身的機動交通船悠閒地來回兩地，一副與世無爭、世外桃源的景致。及至 2004 年浮動式碼頭完工，以及藍色公路的開闢，便利觀光小船停靠，銜接漁人碼頭、八里渡船頭、八里左岸或關渡碼頭，帶動全新且現代式的旅遊觀光潮。

淡水渡輪

淡水渡船碼頭是古代北台灣的主要口岸，自古船來船往，絡繹不絕。新式客船碼頭於 2004 年 7 月完工，浮動式碼頭便利觀光小船停靠，帶動淡水水運交通及觀光效益。

遊船銜接鄰近景點漁人碼頭、八里左岸，不僅可以延伸遊玩範圍，更可從河上一覽陸地風光。傍晚時分，夕陽灑落河面，波光粼粼，遠方的觀音山猶如一幅巨型的山水畫。在此搭上渡輪，觀賞淡水河岸與遠方的關渡大橋，別有一番風貌。除了有山、海、河、城的多重景觀，每到夕陽西下，河面變成了金黃色。夜晚，明月映照河面，白色水光令人心搖神馳。

藍色公路

「藍色公路」的發想是開發淡水河及基隆河的觀光河運，自 2004 年 2 月開航，目前已有 8 條內河航線，載客量已超過 100 萬人次。沿途有導覽說明，尤其可近距離觀看河面生態，十分知性及愜意。另外，由淡水出發，亦規劃有北台灣藍色公路及北海岸藍色公路兩條海上藍色公路航線，是延伸淡水觀光範圍及提供更多元休閒旅遊的設計。

為吸引日籍觀光客搭乘，更開發出全日語導覽行程。對岸台北港更規劃有直航大陸福州的船班，以引進更多的陸客。

淡水夕陽

淡水山河交接,西向背東,每逢日落時分,浩浩江水映著滿天霞光,氣象萬千。自古不知引發多少騷人墨客歌詠,亦不知吸引多少畫家攝影屏息讚嘆。尤其每逢秋高氣爽時節,霞光舖天蓋地而來,映著整座河岸城鎮,灑落在每個行人遊客身上,令人滿心幸福,流連忘返。

〈流浪到淡水〉

作詞、作曲 / 陳明章　編曲 / China Blue

有緣　無緣　大家來作伙
燒酒喝一杯　乎乾啦　乎乾啦

扦著風琴　提著吉他　雙人牽作伙　為著生活流浪到淡水
想起故鄉心愛的人　感情用這厚　才知影癡情是第一憨的人

燒酒落喉　心情輕鬆　鬱卒放棄捨　往事將伊當作一場夢
想起故鄉　心愛的人　將伊放抹記　流浪到他鄉　重新過日子

阮不是喜愛虛華　阮只是環境來拖磨
人客若叫阮　風雨嘛著行　為伊唱出留戀的情歌

人生浮沈　起起落落　毋免來煩惱　有時月圓　有時也抹平
趁著今晚歡歡喜喜　鬥陣來作伙　你來跳舞　我來唸歌詩

有緣　無緣　大家來作伙
燒酒喝一杯　乎乾啦　乎乾啦　(重覆三次)

尋奇對話

Q 到淡水真的很方便！從台北車站到這裡只花了 35 分鐘，而且沿途風景很不錯！

A 現在台北的捷運網越來越密集，越方便，可以吸引更遠方的旅客。所以每逢週末或假日，這裡可說「遊人如織」。

Q 除了捷運連接，其他交通路線好像也很方便。

A 從台北市區到這裡也可以走公路或水路。不過，對不開車的人來講，搭乘捷運是最方便的。捷運是 1997 年通車的，原先的路基是日本人興建的淡水火車支線，從 1901 年行駛到 1988 年。

Q 我們也可以搭船到淡水！

A 是的！2005 年起，旅客可以從台北舊市區大稻埕上船，一路遊覽到淡水，甚至到出海口的「漁人碼頭」。2007 年起，還可以搭乘一艘仿古的美式餐船「大河號」，一路吃喝休閒觀光到淡水！

Q 淡水好像人口也很多，而且年輕人特別多！

A 淡水區的人口有 15 萬餘人，實際應更多。因為有 5 所大學之故，流動人口相當多。加上緊臨台北，交通便捷，房價也比較低些，很多年輕夫婦就選在淡水定居。

Q 來此地觀光的旅客應該也很多吧？

A 「淡水夕照」一直是台灣八景之一，自古觀光旅客就很多。目前它還是名列觀光客最喜歡一遊的十大觀光景點。淡水地區每年吸引觀光客達 500 萬人次。

Tamsui
03

紅毛城

紅毛城，1628 年由當時佔領台灣北部的西班牙人所建。1644 年荷蘭人於原址予以重建。因漢人稱荷蘭人為「紅毛」，當地人習稱此地為「紅毛城」。鄭成功擊退荷蘭人，短暫經營此地，清廷亦加以整修，做為防禦要塞。1867 年被英國長期租用，當作領事館辦公地點，並於 1891 年在其後方建成一座維多利亞風格之建物，做為領事公邸。1972 年英國與我國斷交撤館，轉交澳大利亞及美國托管，一直到 1980 年，該城產權才轉到我國。紅毛城為台灣現存最古老的建築之一，也是國定一級古蹟。2005 年 7 月整建後改為「淡水古蹟博物館」。

〈滬尾紅毛城〉

〔…〕遠望濤頭一線而至，聲隆隆如雷，令人作吞雲夢八九之想。頃之，夕陽向西下，金光閃爍，氣象萬千，所有兩崖煙雲竹樹、風帆沙鳥，一齊收入樓台中，層見迭出，不使人一覽可盡，洋洋奇觀哉……。

吳子光，苗栗銅鑼人，清同治年間舉人，經通經史子集，被譽為「1900年前台灣第一學問家」。丘逢甲即其弟子。1866年，他於淡水候船赴大陸應試，閒遊此地，撰文〈滬尾紅毛城〉。

荷蘭城堡

即「紅毛城」主樓，原址為西班牙所建，原以木頭築成，因曾被漢人焚毀，於1637年改以石材重建。工事完成不久，西班牙決定撤軍，下令摧毀該城。荷蘭駐軍於1644年5月動工重建。除了石材，還遠道自印尼運來上好石灰與磚頭，挖深地基，也使用穹窿式構造，證明荷蘭人有心要建造一座堅固的城堡。1662年鄭成功驅逐了南部荷蘭人，淡水之守軍亦隨之撤走。1863由英國人租用，將此炮城改為領事辦公室、住宅及四間牢房。

英國領事館公邸

淡水英國領事公邸為紅磚造陽台殖民地樣式建築，有獨特熱帶地區防暑的拱廊設計，斜屋頂等特徵，由當時駐淡水英國領事聘請英國建築師設計，紅磚及匠師可能來自福建廈門。領事公邸底樓西側為客廳及書房，東側為餐廳及廚房，後側為洗衣間及數間備人房。二樓有三間大臥室及貯藏室。四周綠地，闢有玫瑰園，公邸迴廊是喝下午茶的場所。淡水領事公邸用材極為講究，設計雅致，是大英帝國在東亞地區僅存少數的較早期洋樓。

尋奇對話

Q 英國人也應該是漢人眼中的「紅毛」吧？

A 是的。過去我們中國人一向稱外國人為「紅毛仔」，因為西方的白人都有一頭紅棕色頭髮。紅毛城將近 400 年的歷史中，先後被西班牙、荷蘭、明鄭成功、清朝、英國、日本、美國、澳洲的經營。認識紅毛城，等於走一趟台灣近代史。

Q 英國人在台灣一共蓋了幾間「領事館」？

A 一共三間。最早一間在高雄，其次是安平，淡水這間應是最晚蓋成的，規模應該是最大的，視野及維護應該也是最好的。不過，三間的風格都很類似，即維多利亞式，俗稱「殖民地式建築」。

Q 當時領事館業務應該很龐大吧？

A 1860 年開放淡水為國際通商港埠後，台灣的對外貿易就遽增了很多。尤其是茶業和樟腦的出口。主要是輸往中國大陸。

Q 1895 年日本殖民台灣，英國人還留下來嗎？

A 是的。依國際法這塊地還是屬於英國政府。所以英國人繼續留下來。直到第二次世界大戰期間才撤走。戰後他們又回來向中華民國政府索回。

Q 英國人為何遲至 1980 年才肯交回這塊地？

A 英國人應該一直都捨不得交出這塊地。即便 1972 年他們就與我國斷交，還是在法理上繼續擁有這塊地。我們是費了很多努力才要回它的。不然，我們今天也不可能上這兒來的！

Tamsui
04

馬偕、教會、學校

　　加拿大人馬偕是淡水最知名的外國人，有一條街以他的名字命名，由他一手創辦的馬偕紀念醫院至今還日夜在服務成千上萬的台灣人。他一輩子行醫、傳教、興學，幾乎以淡水為家，前後近 30 年。最後歿於斯，葬於斯。馬偕 27 歲時離開家鄉，1872 年 3 月抵達淡水，就決定在此落腳，宣教基督長老教會。他自美加兩地募款，興建醫館，中法滬尾之役，協助照料清廷傷兵；他沒有牙科醫學訓練，卻幫台灣人拔了 2 萬多顆蛀牙。他還自國外輸入蔬菜種子：蘿蔔、甘藍菜、蕃茄、花椰菜、胡蘿蔔等。

淡水禮拜堂

淡水禮拜堂，位於馬偕街上。目前的建物改建於1932年，由馬偕之子偕叡廉（George W. Mackay）所設計，為仿歌德式的紅磚建築，有一方型鐘塔，內部為木架天花板，且保存一個自1909年開始使用的古風琴。淡水禮拜堂是淡水地區最大的台灣基督教長老教會聚會所，約可容納300人。此教堂曾在1986年修建屋頂。教堂外觀以極佳品質的紅磚構成，且牆面變化有序，據傳出自於當年設計名匠洪泉、黃阿樹之手。這座教堂幾乎是早年淡水的地標，同時也是畫家最愛入畫的寫生美景。

馬偕傳教士

馬偕（George Leslie Mackay，1844-1901），生於加拿大安大略省，醫師與長老教會牧師。台灣人稱其「馬偕博士」或「偕牧師」。西方歷史學者以「寧願燒盡，不願朽壞」（Rather burn than rust out）讚賞馬偕的一生。1871年底到達高雄，隔年起在淡水開始傳教，學習閩南話，之後還娶了台灣女子為妻。他四處旅行傳播基督福音，在台灣北部及東部設立二十餘個教會。1882年創建牛津學堂（今真理大學）。2年後又建立第一個供女子就讀的婦學堂。其子偕叡廉承接衣缽，創辦了淡江中學。著有《馬偕日記》，70多萬字，分3冊出版。

淡江中學

淡江中學正式於 1914 年創設，昔稱淡水中學、淡水高女，為加拿大長老教會宣教士馬偕博士父子所創，是台灣罕見的百年老校。不僅其校史見證台灣歷史遞嬗與教育文化變遷。其校園座落依山面海，風光秀麗，綠意盎然。該校建築以歐美名校為藍本，並融入中國傳統建築元素，提供了啟發及培養人文思想的最佳環境。「八角塔」融合了中國的寶塔和西方拜占庭式建築，是淡江中學精神堡壘，由該校幾何老師加拿大宣教士羅虔益（K. W. Dowie）所設計，1925 年 6 月峻工。

尋奇對話

Q 我注意到淡水老市區有一條「馬偕街」，路口的圓環還樹立著馬偕先生的半身雕像。這位加拿大人應該就是淡水的榮譽市民囉！

A 是啊！馬偕博士在台灣30年，以淡水為根據地，一輩子行醫、傳教、興學不遺餘力，造福台灣人甚多！

Q 相對於西班牙、荷蘭，以及後來的法國及日本的強佔，英國人的唯利是圖，這位加拿大人的做法的確教人欽佩！

A 馬偕博士將現代醫學引進到台灣，幫台灣人治病療傷，培養台灣人醫學技術。籌資開設醫院，目前已發展到一所大型現代醫院「馬偕紀念醫院」，全省共有四個分院、3000多個床位、近7000員工。同時還設立馬偕護校及馬偕醫學院。

Q 聽說淡江中學很美，也是著名歌手及作曲家周杰倫的母校？

A 淡江中學可說是台灣最早的一所西式學堂，校舍建築美輪美奐，校園景緻優美，與淡水華人社區相映成趣。他也是馬偕博士所興辦，由其子克紹箕裘。這所中學相當開放，培養許多藝文及經貿人才，包括前總統李登輝也是這裡畢業的！

Q 聽說淡江大學的興辦與它也有關連？

A 是的。淡江大學創辦人張驚聲從日本留學，自大陸返鄉，很想興辦一所大學。他先應聘擔任淡江中學校長，後來順利集資購地，才在 1950 年創立淡江大學。它最初的校址還設在淡江中學裡！

Q 周杰倫好像在這裡拍了一部電影？

A 那部電影叫做《不能說的秘密》（2007）。事實上，淡水一直是電影青睞的拍攝場景，像早期的《聖保羅炮艇》（1966），以及較近的《我們的天空》（1986）、《囧男孩》（2008），還有一齣電視劇《青梅竹馬》（2009）等等。

Tamsui
05

觀音山

觀音山位於淡水河出海口左岸，海拔標高616公尺，山頂稱「硬漢嶺」，區內有多座古剎，更增添此山的靈性，其中還有數間供奉觀世音菩薩的觀音寺。西臨台灣海峽，東北隔淡水河遠望關渡，昔日的「坌嶺吐霧」為淡水八大景之一，是登山及健行的好去處。荷蘭統治時代，叫淡水山（Tamswijse berch），但漢人習稱八里坌山，因山邊的原住民部落八里坌社而得名。改稱「觀音山」的說法有二：一說是1752年貢生胡焯猷在山路籌建大士觀而得名，一說是由於山稜起伏變化，從關渡一帶眺望時，山形起伏貌似觀音菩薩的面容仰天的側面而得名。

觀音傳奇

觀世音菩薩（梵文：अवलोकितेश्वर，Avalokiteśvara），又譯為觀自在菩薩，簡稱「觀音菩薩」，這位佛教神祇是東亞民間普遍敬仰崇拜的菩薩，也是中國民間信仰所崇信的「家堂五神」的首尊，台灣民眾常將之繪製於家堂神畫「佛祖漆」上，與自家所祀神明一同晨昏祭祀。佛教的經典上說觀世音菩薩的悲心廣大，世間眾生無論遭遇何種災難，若一心稱念觀世音菩薩聖號，菩薩即時尋聲赴感，使之離苦得樂，故人稱「大慈大悲觀世音菩薩」，為佛教中知名度最高的大菩薩，有「家家阿彌陀，戶戶觀世音」的讚譽。

福佑宮

福佑宮是淡水最老的廟宇，1732 年左右應已草創，1796 年重建迄今。廟內供奉媽祖，是早期乘船移民及商貿的守護神祇。也是早期全淡水的信仰中心。廟口兩側街道是淡水最早的街衢。大前方即為舊時登岸碼頭。這裡也是淡水發展的起點。中法戰爭期間（1884~85）該廟因佑護漢人免招法國海軍的進侵，獲光緒皇帝頒贈「翌天昭佑」匾額。福佑宮被列為三級古蹟，廟中有古匾額、石柱、石碑等歷史文物。其中 1796 年刻製的「望高樓碑誌」即記載淡水商賈籌建燈塔事蹟。

十三行博物館

十三行博物館位於今淡水河左岸出海口，為一座考古博物館，二級古蹟。
1957 年地質學者林朝棨勘查後定名為「十三行遺址」，後經考古學者
陸續發掘出極具代表性之文物及墓葬等，為距今 1800 年至 500 年前
臺灣史前鐵器時代之代表文化。其人種可能與平埔族中凱達格蘭族有
關。出土重要文物為陶器、鐵器、煉鐵爐、墓葬品及與外族之交易品等。
1989 年動工興建，2003 年 4 月開館營運。博物館週邊區域具豐富多
樣的遺址古蹟、自然保留區、水岸景觀、歷史民俗、產業文化及公共設
施等資源，串聯成為「淡水河八里左岸文化生態園區」。

尋奇對話

Q 這裡為什麼叫做「十三行」？

A 因為清末有十三家洋行在這裡設了分行，當地人就稱它
「十三行」。

Q 早期這裡的居民應該都是大航海家囉？

A 是的。台灣的所有原住民都是大航海家的後裔！16 族原住
民是在不同時期，算準洋流從大陸沿海或鄰近島嶼，坐上
「獨木船」（Banka），冒著身命危險，飄洋過海而來的。
此地的原住民生活在 1500~2000 年前，是北台灣平埔族當
中凱達格蘭族祖先。

Q 現在這裡可以直航到中國大陸嗎？

A 是的。從 2013 年 10 月起，從台北港（八里）便可直航到
福州（平潭）。只要花上 3 個小時。過去漢人坐帆船過來，
可要花上好幾天！

Q 觀世音菩薩是男？還是女？

A 按照佛教的說法，佛是中性的，大菩薩也是中性的。其實，唐朝的觀世音菩薩是男相。可能祂經常化身女性指點眾生之故，更可能祂救苦救難是母愛的象徵之故。

Q 「媽祖」是誰啊？

A 相傳她是宋朝福建漁家的女子林默娘，因捨身救起船難的父兄，而有了海上拯救者的形象。媽祖信仰遍及華南沿海各地及東南亞，信眾超過 2 億人。單單台灣就有超過 900 座伺奉的廟宇。

淡水河岸

從老街至小漁港間長 1.5 公里的淡水河沿岸，區公所命名為「金
色水岸」。因為晚霞時分，這裡經常會被夕陽照得金碧輝煌。
一路有林蔭步道、親水河岸、水上舞台、咖啡座椅區、觀潮灣、
觀潮藝術廣場等設施，小漁港的 8 棵百年榕樹是民眾最喜歡的
乘涼、垂釣、觀賞夕陽的地方。商家捐贈余蓮春的〈戲魚〉，
上原一明的〈舟月〉，賴哲祥的〈迎曦〉等三件藝術雕塑品更
增添了河堤的藝術氣息。河岸沿路商家林立，特色咖啡館、異
國餐廳、創意商店毗連而立，是休閒散心的最佳去處。

民歌響起

「民歌」來自民間由國人自行填詞、作曲、演唱的流行歌曲。最初在大學校園裡傳唱，故也叫「校園民歌」。它是一股社會的反省力量，尤其來自彼時年輕人內心的吶喊。從 1970 年代末起風行全台，是台灣本土意識的併發及文藝創作能量的引爆。當中帶頭的靈魂人物就是淡江大學校友的李雙澤（1949~1977）。1976 年，他在淡大校園的一場演唱會上，帶著一瓶可口可樂走上台，問台下的觀眾：「無論歐美還是台灣，喝的都是可口可樂，聽的都是洋文歌，請問我們自己的歌在那裡？」在一片詫異中，他拿起吉他唱起李臨秋先生（1909~1979）填詞的歌謠〈補破網〉，當下引起熱情的共鳴。

水岸畫影

淡水小鎮，山河海交接，風景壯麗。昔為北方大港，人文歷史韻味深厚。復以開埠甚早，往來交通，東西文化交織，多元特色，極易引發詩人墨客歌詠，畫家攝景。日據時代起，尤其吸引專業畫家至此作畫寫生，素有台灣畫家「朝聖地」之美名。它自成一格的「歐洲小鎮翦影」，美洲風格的哥特教堂、停泊岸邊的船隻、水中行駛的渡輪、山巒起伏的觀音群山、或霧靄茫茫的河口風景都能一一入畫。台灣最早一代的西畫家幾乎無人不曾蒞此，並留下歷久彌新的淡水風光。

葉俊麟的發想……

1957 年，擔任編劇的葉俊麟先生隨外景隊來到淡水，黃昏時他沿著河邊獨行。落日慢慢沉入海面，居民擠在渡船口迎接歸來的漁船。忽有歌聲隱約斷續傳來，他尋覓歌聲來處，抬頭望見不遠斜坡上的閣樓，一名女子佇候在門後，遙望渡船口一家和樂的場景，那女子的神情觸動了他寫下這首傳唱不墜的名曲。……

〈淡水暮色〉

作詞 / 葉俊麟　作曲 / 洪一峰，1957

日頭將要沉落西　水面染五彩
男女老幼在等待　漁船倒返來
桃色樓窗門半開　琴聲訴悲哀 啊……
幽怨的心情無人知。
朦朧月色白光線　浮出紗帽山
河流水影色變換　海風陣陣寒
一隻小鳥找無伴　歇在船頭岸 啊……
美妙的啼叫動心肝。
淡水黃昏帶詩意　夜霧罩四邊
教堂鐘聲心空虛　響對海面去
埔頂燈光真稀微　閃閃像天星 啊……
難忘的情景引人悲。

尋奇對話

Q　這裡這麼多遊客，應該都是捷運載來的吧？

A　是的。捷運淡水線 1997 年通車，初期很少人搭乘，還賠了錢。如今班班客滿，星期假日更是「一位難求」。

Q　淡水最多可容納多少觀光客？

A　2014 年春節期間，因為天氣晴朗、溫暖，創下單日超過 10 萬人紀錄！整個河堤及老街擠得寸步難行，從高處看，簡直像一堆沙丁魚群。

Q　這樣那能做休閒及觀光？

A　大概只能湊熱鬧、看人潮吧！其實，非假日或清早，淡水是很寧靜且悠閒的。

Q 民歌由淡水出發，很多人也寫歌來歌頌淡水。淡水有沒有音樂學院？

A 只有遠在關渡的國立台北藝術大學設有音樂學系，其他學校都沒有。但這不礙事啊！淡水讓人真情流露，很容易就讓會人創作出貼近庶民的歌曲。譬如 1997 年陳明章先生作曲填詞的〈流浪到淡水〉就紅遍全台大街小巷。

Q 淡水河邊跟以前有何不一樣？

A 就我印象所及，以前這裡只是個小漁港，魚腥味很重，遊客不多。現在河岸（包括對岸八里的河堤）整治了很多，變成了觀光休閒河岸，很現代感，也很商業化！

淡水老街

淡水曾是北台灣第一大港，因基隆港開通及泥沙淤積，逐漸喪失商務功能，迅速沒落成為一座地方小漁港，現已轉型為觀光休閒小鎮。中正路老街一帶，雖新式樓房林立，依然可見到許多老式磚造店鋪，反映出本地的開發史。古老寺廟林立，漫步在坡道間，造訪淡水老街應能體驗先民的生活點滴。老街位於中正路、重建街、清水街等一帶，因鄰近淡水捷運站，交通方便，每到假日總是人山人海。尤其中正路，堪稱淡水最熱鬧的街道。老街區也集美食、小吃、老街為一身，近年來更因不少古董店及民藝品店進駐，也營造出民俗色彩與懷舊風味。

重建街

矗立山崙上的重建街是淡水歷史悠久的老街，也是發展最早的商業街，更是外地人體驗淡水山城味道最好的一條街道。重建街原本是一條蜿蜒五、六百公尺的歷史街道，是昔日的「頂街」，當年是陸路交通的要道，往下直通碼頭，往上連接山丘上方的聚落村莊。從19世紀末的50年一直是繁榮鼎盛。不少淡水著名政治、金融、教育界的名人都是世居此地。由於建在起伏不平的山坡上，房屋與路面常形成高低落差，相當特別。如今還保存幾間舊式長條形街屋，古意盎然。

讚滿重建街！

〔中國時報 / 2013.12.02 / 謝幸恩 報導〕超過230年歷史的淡水重建街，仍保有四處以上古蹟，但新北市政府因公共安全疑慮，年底推動第二階段拓寬工程，文史工作者在網路上發起「讚滿重建街」活動，1日吸引數百位支持者以柔性訴求，希望市府讓重建街「原地保留」。短短380公尺餘，全以石階堆砌而成，一路蜿蜒而上，可見兩側饒富人文氣息的古厝。地方居民說，有的房子可見到中法戰爭時所留下的彈孔，見證了淡水的興衰。

白樓

淡水「白樓」原本坐落淡水三民街週邊坡地，約建於 1875 年，外牆白灰因而得名。據傳為板橋富商林本源出資，由馬偕博士門生嚴清華所建，再租予猶太商行，之後曾改作一般公寓雜院。白樓在 1992 年因失火，而拆除改建。由於它曾是許多老輩畫家的入畫題材，如今只能在這些畫作裡尋得它的風采。2009 年，淡水文化基金會特別委託彩墨畫家蕭進興在最接近白樓舊址上坡路段，利用右側牆壁，畫下白樓舊觀，並延伸至周遭景致。這堵長卷式壁畫，耗費數月始完工，可一覽無遺俯瞰淡水，堪稱淡水最生動、最震憾人心的公共藝術。

紅樓

該建築原是船商李貽和的宅第，與已經拆除的「白樓」齊名。1899 年落成，由於李貽和所經營的兩艘貨船發生撞沉意外，在 1913 年轉賣給時任台北廳參事的洪以南。洪以南在成為這棟紅樓的主人後，為它取了「達觀樓」的雅號。

紅樓採西方洋樓式風格，與淡水英國領事館公邸外觀相近，其屋前寬闊庭院，四周輔以小徑、階梯相通，為早年景觀最佳之房舍。直至 1963 年，轉賣給德裕魚丸的洪炳堅夫婦。1999 年年初整修紅樓，期間曾多方請教建築、歷史、藝術等專家學者。於 2000 年元月正式對外營業，成了一家複合式餐廳與藝文館。

尋奇對話

Q 這些藝文人士呼籲保存老街的溫和訴求很有意思。他們是怎麼湊在一起的？

A 在台灣每個有歷史的城鎮都會自發地組成「文史工作室」，定期有些討論及表達。我想他們是透過網路集結的。

Q 聽說台灣的臉書人口密度是世界最高之一？

A 現在使用 Line 的人也越來越多了。以前搭車，車箱內很喧嘩。現在即便人很多也很安靜，因為男女老少都在滑手機！

Q 重建街的上坡階梯很有古意，也很特殊。因為每一階梯都不會太高，走起來也不致於太累。

A 是啊！這些階梯都有一、二百年的歷史，也不知道有多少人從上面走過。我們可以想像當年人聲鼎沸的場景……。因為要上下貨的關係，所以每個台階都不會做得太高，連老人家來走都沒問題。

Q　「讚滿重建街」這個標語是很棒的雙關語！

A　「讚」與「站」在台灣式國語裡是同音字。「讚」表示「支持、同意」；「站」表示「出席、佔據」。

Q　「紅樓」整修得很細膩，很棒。可以想像當年的氣派及華麗。

A　這裡的景觀特別好，最適宜觀看夕陽及夜景。我請你上去喝杯咖啡吧！

Tamsui
08

殼牌倉庫

殼牌公司（Shell）儲油倉庫和油槽以及英商嘉士洋行倉庫，位
於捷運淡水站旁的鼻仔頭，佔地面積約 3000 坪。1894 年 11
月由茶葉外銷洋行「嘉士洋行」所承租，用以經營茶葉貿易。
1897 年由殼牌公司買下，並增建四座大型磚造儲油倉庫，並舖
設可接通淡水線鐵路的鐵道，大規模經營起煤油買賣。也由於
煤油臭氣瀰漫，淡水人稱之為「臭油棧」。直到 1944 年 10 月
遭美軍轟炸導致油槽起火，三天三夜才被撲滅。2000 年指定為
古蹟，殼牌公司也將此捐贈給淡水文化基金會。2001 年於此創
辦「淡水社區大學」。2011 年規劃為「淡水文化園區」。

淡水社區大學

淡水社區大學於 2001 年 8 月正式開學，課程豐富又多樣，有很多大學院校裡不可能出現的課程，收費又特別低廉，是推動公共教育最佳的空間。在它的校務規程中明訂「以促進終身學習，提昇社區文化，參與社區營造，發展公民社會為宗旨」，自我期許要不斷落實教育改革的理念。淡水社區大學的特色就是結合古蹟，再融入在地文化，認識淡水等相關課程。這個學校很自豪，因為他們的教學空間是百年古蹟！

淡水文化園區

淡水文化園區，即殼牌倉庫舊址與週遭綠地及濕地，經新北市政府修繕完工後，於2011年正式對外開放。「淡水文化園區」占地約1.8公頃，園區內有八棟老建物，還有搬運油品的鐵軌遺跡。修復的八棟建築物，皆以紅壁磚、土漿疊砌，其中六間是儲放油品的倉庫，一間幫浦間，另有一間鍋爐間。經歷過數度經營轉移以及戰火摧殘的市定古蹟淡水殼牌倉庫，終於以全新的姿態風華再現。內設有教學中心（淡水社區大學）、展演區、露天舞台、藝文沙龍、生態區、濕地等空間。

鄞山寺 / 客家會館

鄞山寺，建於1822年，二級古蹟，寺內奉祀定光古佛，定光古佛是中國南方客家人的祭祀圈才有的信仰。該寺大體上完整保存道光初年原貌，包括當年施工的的屋脊泥塑都相當完整。

為現今台灣唯一保存完整的清時會館。會館就是同鄉會會所，以互相濟助為目的。主要因為在清道光年間從汀州移居台灣北部的客家人越來越多，汀州人怕漳州、泉州人欺負，所以在上岸處集合形成聚落，並出資蓋地方會館，後續自唐山渡海來台的人，可臨時落腳寄居在這樣的地方會館裡。

尋奇對話

Q 把歷史古蹟跟生態環境結合在一起是挺不錯的點子。

A 是的。最重要的還是「管理」。所以政府 2007 年通過設置「鼻仔頭史蹟生態區」，將 5 個歷史古蹟：鄞山寺、湖南勇古墓、淡水殼牌倉庫、淡水水上機場、淡水氣候觀測所，以及周邊的自然生態資源一起納入管理。

Q 台灣人很重視環保和休閒？

A 這是最近 10 幾年的事。尤其是環保署的設置，發揮不少功能。文化部的運作也相當正面。休閒與生態似乎是民眾自覺自發的需求。

Q 感覺上，淡水蠻能與世界接軌的。

A 歷史上的淡水一直都很國際化！現在的台灣不僅民主，也非常開放。不過很多歷史感消失得特別快，歷史的痕跡要特別細心的加以保存！

Q 聽說社區大學裡老人學生特別多？

A 是的。一方面是許多公職人員可以提前退休，他們衣食無慮，身體也夠好，總會想出來參與社會活動。另一方面台灣人的人均壽命提高了，所以老人的需求也增多了。華人社會有句銘言：活到老，學到老！

Q 現在我明白了，淡水除了是年輕人的天堂，將來也可能老年人最愛居住的城市！

A 老實說，淡水還是吵了一點，交通尤其擁擠！除非我們犧牲一點環境，建好交通，才有此可能。

Tamsui
09

滬尾砲台

滬尾砲台位淡水北方，建於 1886 年。佔地約 8 公頃，為台灣首任巡撫劉銘傳所建，以捍衛淡水港。該砲台雖停用多年，因長期屬軍事要塞，保留狀態頗佳。營門上仍留存劉銘傳親筆所題之「北門鎖鑰」碑文。西班牙人也曾在此建造砲台，荷蘭人延用。荷蘭撤走駐軍時曾將之燒毀。清廷在 1808 年加派兵力，駐防該地，1813 年並在現址興築砲台。中法戰爭後，清廷命當時的台灣巡撫劉銘傳加強台海防務。日治時期，日軍撤下當時在滬尾的四門砲塔，將此地改作砲兵練習場地。國民政府重新賦予滬尾砲台國防任務，派兵駐守。1985 核定為二級古蹟，整修後開放民眾遊覽。

油車口

1884 年滬尾之役的古戰場，相傳 300 年前由泉州移民所開闢，18 世紀中葉，有郭姓泉州人在此開設油坊因而得名。油車口碼頭則是淡水拍攝婚紗照的熱門景點。此處可一覽觀音山、淡水河、漁船及夕陽，交互搭配，格外秀麗。油車口的忠義宮蘇府王爺廟，是淡水地區最大王爺廟，每年農曆的 9 月初九重陽節，都會舉辦燒王船的祭典。30 多年前廟旁的黑色老厝，曾開一家物美價廉的小吃店，人稱「黑店」，以排骨飯打出名號，後因道路拓寬遷往附近，每逢用餐時刻依然門庭若市，車水馬龍，蔚為奇景。

中法戰爭 / 滬尾戰役

1884 年 8 月，法軍圖佔領北台灣，派軍艦進犯，爆發中法戰爭－滬尾之役。當時台灣巡撫劉銘傳發現淡水重要性，擔心法軍可由淡水河直接進入台北府城，因此決定棄守基隆，把兵力改移至淡水。當時清朝在淡水的沙崙、中崙、油車口修築砲台均遭法艦砲轟摧毀。劉銘傳任命提督孫開華，負責整修淡水防禦工事，以填石塞港，佈置水雷，建造城岸，修築砲台禦敵。10 月 8 日，孫開華帶領清兵及鄉勇，奮勇抗敵，擊退法軍。此為清廷難能可貴之勝戰。法軍後來封鎖海岸半年餘始撤走。

北門鎖鑰

指北城門上的鎖及鑰匙，後借指北方的軍事要地。1885 年滬尾戰後，清廷加強防禦工事。劉銘傳聘請德籍技師巴恩士（Max E. Hecht, 1853-1892）監造，並自英國購入 31 尊大砲，1889 年安裝竣工。惟新砲未曾參與戰事，故基地建築保持相當完整。現存東南方的營門上的碑文「北門鎖鑰」為劉銘傳親筆所提。這也是劉銘傳在台灣本島所建砲台，唯一碩果僅存的一座，具有其特殊的意義與價值。巴恩士也因建成此一海防利器有功，還獲清廷贈勳及賞銀表揚。39 歲歿於台灣，葬於淡水外僑墓園。

57

尋奇對話

Q 這裡居高臨下，視野極佳，的確是鎮守的好地方。

A 這裡是所謂淡水的「五虎崗」的第一崗，習稱「烏啾崗」。另一頭就是老淡水高爾夫球場，它是台灣最早一座高爾夫球場，1919 年由日本人建成。原先這塊地還是清軍的練兵場。

Q 湖南人與淡水人還蠻有關連的？

A 當初清廷由大陸調來台灣防守的正規軍一大部份來自湖南。1884 年滬尾之役的守將孫開華也是湖南人。在竿蓁坟場還有一座湖南勇古墓。

Q 台灣很流行婚紗照，聽說還外銷到中國大陸去？

A 婚紗是筆好生意！台北市區還有一條「婚紗街」。大陸的婚紗照幾乎都是台灣業者去開發的。

Q 婚紗照是否一定會選上風景最美的地方拍攝呢？

A 這是所謂的「出外景」，就是戶外婚紗照。當然要選居家附近風景最美的地方拍攝。預算多的還可以安排出國拍攝，順便渡蜜月！所以婚紗攝影師往往就是旅遊景點的最佳探子。

Q 拍了婚紗照是否比較不會離婚呢？

A 過去台灣的離婚率很低，現在比較高些。的確，年輕夫婦如果鬧彆扭，若去翻翻婚紗照，或許就會打消分手的念頭。

Tamsui
10

漁人碼頭

淡水漁人碼頭，位在淡水河出海口東岸，前身為 1987 年開闢的
淡水第二漁港，鄰近沙崙海水浴場，是淡水最新開發的觀光景
點，於 2001 年 3 月正式完工並對外開放，以其夕陽景色及新
鮮的漁貨聞名。目前除了觀光休閒設施之外，仍然保有其漁業
港口的功能。浮動漁船碼頭約可停泊 150 艘漁船及遊艇，河岸
觀景劇場平台最大能容納 3000 名觀眾。白色的斜張跨港大橋於
2003 年 2 月 14 日情人節當天正式啟用，故又稱「情人橋」。
在橋上可欣賞夕陽景色，總長約 164.9 公尺。水路及陸路交通皆
可通達，有一座 5 星級景觀旅館。

情人橋

「情人橋」位於漁人碼頭上專供行人步行的跨港景觀大橋。長 164.9 公尺、寬 5 公尺，最高處 12 公尺，微彎的大橋柱側看像似流線船帆造型，遠觀整座橋的色彩是白色，但細看其實是淺白又帶點粉紫與粉紅色的柔美色調。由於大橋的造型優美而浪

漫，視野非常遼闊，因此目前已成淡水風景的地標景點。情人橋有個美麗的傳說：情人們若是牽著手、心繫著彼此，相偕走過情人橋，那麼兩人的戀情將更加美麗，但若在走過情人橋的中途，有人回頭了，或把手放開了，那麼未來，他們的戀情將會受到許多考驗。

情人塔

耗資近 3 億多元打造的漁人碼頭「情人塔」於 2011 年 5 月正式啟用，塔高計 100 公尺，每次可容納 80 人，可提供淡水區域 360 度全視野景觀。瑞士製造，耗時 4 年打造，是台灣第一座百米觀景塔，有 360 度的旋轉觀景塔，外加一座可觀賞淡水景色的圓形座艙，座艙外罩為整片式安全玻璃防護罩，可有效防風雨。乘客進入座艙中，座艙會緩慢調整上升與下降的角度，隨著情人塔緩緩旋轉上升，登高望遠，可將淡水美景盡收眼底。

休閒漁港

漁人碼頭雖然能保有漁業港口的功能，但幾乎已轉型為「遊艇碼頭」，它的浮動碼頭上經常停滿各式各樣的小遊艇。它們的主人大多是台北都會裡的富豪人士，因熱愛海上活動，買了遊艇，將這裡當「停船場」，有空才會開出海兜風。這裡是「藍色公路」的重要景點，來自各處的客船都會在此停泊。藍天碧海，漁船遊艇，尤其傍晚時分，滿天湛紅，也是北台灣難得一見的濱海風情。

淡江大橋

淡江大橋將是一座跨越淡水河河口的雙層橋樑，為台灣第一座鐵路軌道和道路共構的雙層橋樑。1980 年代末提出興建計畫，全長 12 公里，包含主橋 900 公尺及兩端聯絡道，屬於雙層橋樑，橋面總寬 44 公尺，橋高 20 公尺，下層橋樑，設計車輛行駛時速 100 公里，上層橋樑，中央規劃為 8 公尺寬的輕軌路軌，耗資新臺幣 153 億元。將於 2016 年動工，並計於 2020 年完工通車。預計完工後，可以舒緩關渡大橋的交通流量，並且帶動淡海新市鎮的開發。

尋奇對話

Q 從高處看淡水，確實別有一番風情。整個城鎮看起來很休閒，也很幸福！

A 最近台灣也有人從空中拍了一部紀錄片《看見台灣》，很新奇，也很令人感動。台灣真的有如 400 年前航行經過此地的葡萄牙水手的驚呼「Ilha Formosa!」（美麗之島）那樣。

Q 不過，聽說這部紀錄片也讓許多台灣人警覺到過度開發的後果……。

A 是啊！有節制的開發是必要的。未來的「淡江大橋」也是花了 20 多年的討論才順利通過的……。

Q 橋應該是優先且必要的項目。屆時淡水可能更加繁榮了！

A 我們希望它是有計畫的成長，不然「人滿為患」，古有明訓！

Q 夏天這裡很熱鬧，冬天應該很少人來吧？

A 夏秋兩季這裡很熱鬧，幾乎像極了國外的渡假聖地，有音樂會，有藝術市集等等，最重要的是天天可以欣賞日落，看霞光滿天。春冬多雨又寒冷，旅客自然少了許多。不過，當地的旅遊業者也有許多吸引遊客的配套措施。

Q 聽說這裡的海鮮很地道？

A 淡水究竟還是漁港，自然有許多新鮮的漁貨，那就看你敢不敢嘗試哩！

Tamsui 11

紅樹林

到了捷運「紅樹林站」一眼就可看到綠油油的一片紅樹林。1986年它被劃為「淡水紅樹林生態保護區」，總面積為76公頃，是淡水河從上游所堆積而成的海岸沙洲沼澤區，也是台灣面積最大，全世界緯度最北的紅樹林自然分佈地點。這些生命旺盛的水生植物因枝枝泛紅而得名。紅樹林這種濕地生態系統對人類有很高的利用價值，包括保護堤岸、河岸、海岸，供應魚苗資源，提供野生物棲息及繁殖場所，海岸景觀林，休閒旅遊場所及提供薪材，也有「水中森林」及「候鳥樂園」之稱。

白鷺鷥

白鷺鷥是台灣很普遍的留鳥，它們經常活動於水澤、湖泊附近，以魚類、蛙類及昆蟲為主食。喜歡群體居住，淡水紅樹林就是它們最大的家，估計有數百隻棲息於此。每到傍晚時分，三五成群翱翔歸巢，吵嚷聲此起彼落。白鷺鷥體色潔白，含有聖潔之意。步伐穩重、氣質高貴，活動敏捷、飛行姿態優美。傳說中，白鷺鷥棲居福地，在有水稻的地方，就有白鷺鷥前來啄蟲，保護農作。

水筆仔

竹圍至淡水之間的紅樹林是全然由「水筆仔」所組成的樹林。其得名係因為幼苗像筆一樣懸掛在樹枝上，長約 10 到 15 公分。這些樹的果實仍在母樹上時，胚即自種子長出，形成胎生苗。幼苗垂掛在枝條上，可自母株吸取養份。當幼苗脫離母株時，有些可插入泥中，側根再長出，再長成幼樹。有些幼苗縱使沒有順利插入泥中，能隨波逐流，再定著在適當地點。在鹽度高、土質鬆軟、缺氧及水中含氯量高的環境下，胎生現象正是最有利的適應方法。

生態步道

「淡水紅樹林生態步道」入口就在捷運紅樹林站旁，這段步道由實木搭建，在紅樹林生態區中蜿蜒而行。長度短短不到 1 公里，沿途便可眺望觀音山景、欣賞淡水河風光及濕地多元動植物生態。 站在步道上可以近距離觀看、甚至觸摸水筆仔。招潮蟹就在腳下肆意「橫行」，白鷺鷥在不遠處緊盯水面追蹤獵物。除了美麗的風景、有趣的潮間帶生物，這裡還有許多讓愛鳥人士趨之若鶩的野鳥。也是溼地生態實地教學好去處與賞鳥好地點。每年 9 月至隔年 5 月為候鳥過境的季節，是賞鳥的好時機。

尋奇對話

Q 台灣人好像很喜歡白鷺鷥？往淡水的公路旁也有它們飛舞的圖案！

A 是的。有一首耳熟能詳的台灣童謠，歌詞是：「白鷺鷥車畚箕，車到溪仔墘，跌一倒，拾到一先錢。」指小孩子一無所有，希望化成白鷺鷥，能碰到好運氣，在路上撿到錢！

Q 淡水的紅樹林會有許多候鳥經過嗎？

A 據野鳥協會統計，大約會有10餘種。不過數量應不會太多，因為太靠近市區，人聲鼎沸，覓食也不易。不過體型較小的候鳥比較常見，尤其在關渡平原，那裡還築了好幾間觀鳥小屋，可就近觀看。

Q 關渡平原應該就屬於所謂的「濕地」了？它有受到保護嗎？

A 應該算是有。政府將它列為「低度開發區」。現在台灣人越來越重視保留「濕地」，也更積極地加以利用，譬如，規劃成保育區、生態教育園區，或者親子休閒區等等。

Q 聽說關渡平原以前還是一片大沼澤，唭哩岸以前還是個河港？

A 事實上，台北盆地以前有許多地區也是沼澤地。目前有些地方的地面只比海平面高出一點而已！所以經常會鬧水災。台北捷運以前也被大水淹過，停駛了好幾個星期。

Q 所以台北是個「水鄉澤國」？

A 治水一直都是台灣很重要的施政，但我們現在很喜歡親水！

淡水小吃

Tamsui
12

　　淡水是的傳統的漁港，過去更是台灣重要的通商口岸，因此物資豐富，海產類更是這裡的一大特色，加上交通、歷史與地方發展，孕育出豐富而多元的飲食文化。淡水老街歷史悠久，也發展出多樣的飲食風貌。淡水的小吃百百種，但最有名的有魚丸、魚酥、「鐵蛋」、「阿給」。這些有名的小吃大部分是就地取材，反映基層民眾的基本飲食需求，也烙印著許多文化融合及社會嚮往。從普羅市井小吃到海鮮大餐、異國料理等。其中「阿給」及「鐵蛋」更是淡水老街最具特殊風味的小吃。

魚 丸

淡水早期是漁港，漁獲量大，以致於供過於求，捕來的漁獲除了在市場販賣外，更延伸出許多附加產品，如魚乾、魚酥、魚丸等。魚丸是將中、大型魚肉（鯊魚或鬼頭刀）磨成魚漿後，加少許太白粉和水調和，製成魚丸外皮，中間則包入特殊的豬肉燥。煮湯食用，香味濃郁。其實全世界各地都有「魚丸」，口味的差異多來自魚種及手工，還有配料。

鐵 蛋

早期在淡水渡船頭的一位麵攤子老闆娘阿哖婆，將賣不出去的滷蛋回鍋再滷，結果，滷蛋變得又黑又小，像鐵一樣，有些顧客好奇，就買來試吃，覺得又香又耐嚼，於是聲名漸漸遠播，「鐵蛋」因而得名，習稱「阿婆鐵蛋」，成了淡水有名的特色小吃。鐵蛋的製作過程很費工費時，每天必須用醬油及五香配方調配的滷料，經過幾個小時的滷製，然後用風乾，反覆持續幾天才能完成。

傳統糕餅

淡水有許多老字號傳統糕餅舖，傳統古早餅，口味眾多，多遵行古法精製、每一個糕餅都保留著令人懷念的古早味，每一口都能讓遊客感受到回味不盡的鄉土味，是淡水重要的傳統美食。1984 年其中一家新勝發，還曾獲得日本糕餅比賽博覽會的金賞獎！台灣婚習俗中，女方會訂做許多「禮餅」分贈親友，為了不要「失禮」，大多會精挑細選風味及口感一流的淡水喜餅。

魚丸博物館

充分利用淡水漁港龐大的漁獲，
1963年登峰公司創新開發出淡
水魚酥，目的是提供民眾一份
佐餐品，之後成了休閒食品、
觀光禮品。2004年，店老闆
在淡水老街上開設「魚丸博物
館」供民眾參觀，它是全台
第一座以魚丸為主題的博物

館，也能安排DIY參訪的「觀光工廠」。博物館佔地約
70餘坪，共有三層樓，一樓為產品販售區，二樓為展示廳，陳列許多
捕魚的古董器皿及歷史照片圖說，還展示一支1884年中法滬尾之役法
國海軍陸戰隊所使用的制式步槍（Fusil Gras M80 1874）原品。

阿給

「阿給」是日文「油豆腐」（あ
ぶらあげ／阿布拉給）發音的
直接簡化音譯。做法是將四方
形豆腐中間挖空，然後填入冬
粉，再以魚漿封口後，加以蒸
熟，食用時淋上甜辣醬，再加
上魚丸湯或大骨湯汁，即是
讓人食指大動的阿給美食。「阿給」應是
淡水口味最獨特的地方小吃。1965年由楊鄭錦文女士所發明，起初是
因不想浪費賣剩的食材，而想出的特殊料理方式。創始店位於淡水鎮真
理街上，專作學生的早餐與午餐。

尋奇對話

Q 很多人來台灣觀光旅遊很可能就是衝著想享用這裡的美食?

A 台灣的美食在世界排名數一數二,可以跟它媲美的大概只有地中海菜及日本料理。此外,在台灣,人們幾乎可以吃到中國各地的佳餚。在香港及中國大陸就沒有這種多樣性。

Q 美食和小吃有何不同?

A 美食是大宴,通常會有 10 到 12 道菜餚。小吃通常只有單味,傳統市場邊都吃得到。尤其在夜市,它更是以提供各式各樣的小吃為賣點。

Q 聽說現在台灣政要宴請國外貴賓,甚至在國宴上,也會安排推薦台灣地方小吃?

A 對啊!因為有些小吃還真的在其他地區,或國家根本吃不到!是真正的「台味」!

Q 台灣小吃有幾種？那裡吃得到？

A 應該沒有人統計過，即便同樣一款，各地的口味、配料也不同！要吃小吃一定要到夜市。也有一些餐廳開始專賣台式的小吃。但並不是所有的小吃都能搬得上檯面的！

Q 所以，來台灣觀光旅遊一定要到夜市吃小吃！

A 不過，還是要提醒你，夜市小吃的衛生條件、服務及用餐品質一向不夠好，你心裡要先有準備！

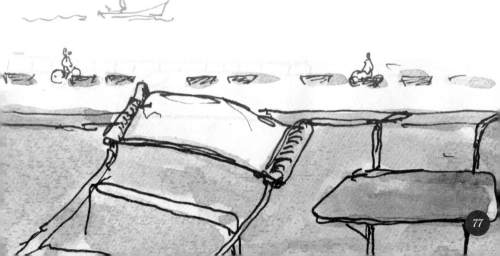

Tamsui
13

淡水藝文

淡水既是古代漢人移入的北方門戶，又是列強爭奪的據點，還
一度淪為日本殖民地達半世紀之久，早年是海峽兩岸及國際通
商的要埠，所以歷史古蹟、文物豐富。加上地勢優良，山海交接，
河運通達，所以人文薈萃，不僅城鎮生命力旺盛，文藝風氣亦
深烙民心。古代迄今定期有民間自發藝文活動，如廟會迎神、
樂團劇社。現今則規劃有淡水踩街藝術節、亞洲藝術村、雲門
舞集淡水園區等。淡水藝文活動的最大資產在於，它擁有人文
厚度、歷史感、國際觀，加上美麗的景致、旺盛的商業活動及
便捷的交通。

一滴水紀念館

「一滴水紀念館」位於滬尾砲台左側。該棟日式建築原是日本福井縣的古民宅，已有近百年的歷史，是日本作家水上勉的父親手所建的舊居，特別援引水上勉說的「一滴水脈有無限可能」做命名。1995年阪神大地震時，這棟古民宅未遭毀壞。屋主為了讓同鄉災民有個懷想的地方，便把房子捐出。1999年台灣發生921大地震，日本阪神地震的受災者來台協助災區重建工作，決定把這棟日式古民宅贈與台灣。經過一年多的努力，在來自日本及台灣志工1300人的攜手合作下，於2009年8月16日原封不動的組裝完成，並於2011年3月29日開館。

淡水大拜拜

「大拜拜」之意為：寺廟謝神或建醮等重大慶典時所舉行的儀式，及宴請流水席。所以會有迎神活動、親友相聚，大吃大喝的。早期先民渡海來台灣拓墾，因為水土不服、瘟疫、天災或戰亂等因素，移民會奉請家鄉守護神隨同來台灣，求消災解厄保平安。如今，拜拜已跨越宗教信仰的範疇，成為台灣人民生活文化不可或缺的一部份。「淡水大拜拜」是淡水祖師廟的慶祝活動，於每年舊曆五月初六（西曆六月中旬）舉行祭典，每年都萬人空巷，都得進行一整天的交通管制。

淡水藝術節

淡水國際環境藝術節踩街嘉年華，自 2008 年起，每年 10 月在淡水市區舉行。2013 年以「世界萬花筒」為主題，充分表現出淡水多元文化與異國風情，共有 50 個隊伍、超過 1500 人，以創意、熱情走踏淡水街道。這項藝術嘉年華的活動是由多位藝術家及社區居民通力合作和參與，將淡水的歷史、傳說、風土人文、及當代日常生活，化為創作素材。透過「藝術踩街」與「環境戲劇」演出，以呈現四百年來淡水的獨特藝術饗宴。近來也結合國際藝術團體的邀訪，使這項活動更具多元及吸引力。

尋奇對話

Q 「一滴水紀念館」的故事很感人，台灣與日本的關係真的很特殊，很密切！

A 台日民間交流一向很密切，觀光旅遊及商務貿易有來有往，而且十分興盛。透過眼見為憑及交流就更能瞭解對方！

Q 「雲門舞集」是國際最知名的台灣表演藝團，將來它的「淡水園區」應更可帶動此地的藝文活動及曝光率！

A 聽說當初是雲門主動選上淡水的！屆時整個園區會對外開放，包括供民眾參訪及安排表演工作坊。

Q 西方人或其他民族會用牛或羊當犧牲，台灣地區為何會選中豬當牲品呢？

A 台灣地區過去家家戶戶都會養豬。中文「家」字就說明一切：養了豬才能成家。這裡比較少人養牛羊，而且耕種的農民比較疼惜牛的辛勞，所以祭拜都用大豬公。

Q 聽說台灣也有養豬公這個專門行業，甚至還比賽誰養得最大隻？

A 這是一種榮譽，也是對神明的最大敬意。史上最重的豬公達1683台斤（合1010公斤）。那是要花好幾年細心照料才有可能。人們會宴客（通常都是流水席），也會分贈豬肉給親友。

Q 將來如果能將迎神、拜拜及藝術嘉年華會結合在一起，應該是蠻不錯的點子！

A 啊呀！你很適合當我們的文化部長！

淡江大學

Tamsui
14

一所沒有宗教、企業背景的大學，以校風開放著稱。也是一所
「沒有圍牆的學校」。創辦之初，淡水居民出地捐輸功不可沒。
校園與居民共享共營是一大特色。1950 張鳴（驚聲）、張建邦
父子發想所創，初期為英語專科學校， 1958 年改制為文理學
院，1980 年正名為淡江大學。迄今擁有淡水、台北、蘭陽、網
路等 4 個校園之綜合型大學，有 8 個學院，27000 餘名學生，
2100 餘位專兼任教職員工，及 24 萬多名校友，是台灣最具規
模且功能完備的高等教育學府之一。《Cheers》雜誌在《2015
最佳大學指南》發佈 2015 年 2000 大企業最愛大學生調查，淡
大第 18 度蟬聯私立大學之冠。

宮燈教室

淡江大學的風景及建物雅致，口碑相傳，揚名中外。早年還是電視連續劇及電影取景的熱點。當中最著名的首推興建於1954年的「宮燈教室」。它依山丘斜坡興建，雙排對稱的仿唐朝傳統建築，碧瓦紅牆，扶搖直上；前後綠地，窗明几淨。中央一長排宮燈，有9根仿古華表，18條蟠龍，上方掛起兩盞宮燈。每當華燈初上，與一輪火紅夕陽相互輝映。其設計出自淡大建築系首任系主任馬惕乾之手，於1955年全部建成啟用，迄今已育逾半世紀！

海事博物館

淡江大學海事博物館為一獨棟2134平方公尺的船型建築，前身為「商船學館」，是淡江大學專門培育航海、輪機科技人才的搖籃。由長榮集團總裁張榮發先生捐資興建，並捐贈各項有關航海、輪機之教學設備。

後因國家教育政策的變更，奉令停止招收航海、輪機的學生，俟1989年送走最後一屆學生後，擘劃興建為全國首座「海事博物館」，展示古今中外各類的船艦模型。當時董事長林添福亦捐贈私人收藏的50餘艘全球知名船艦模型。1990年6月開館，免費供各界參觀。

蛋捲廣場

位於淡大校園中心點的「蛋捲廣場」，原為一方正有中庭的二層樓綜合教室。1986 年拆除改成綠地廣場，中央由建築師林貴榮校友設計一座建物，有四片「竹卷」繞圈，象徵古代的簡冊，故命名「書卷廣場」，因酷似蛋捲，遂有了「蛋捲廣場」之別名。從上俯視，像馬達中的轉軸，生生不息。雪白瀟灑的弧型造形，不論藍天、黃昏或夜晚，都呈現出不同的迷人景致。目前它是淡大許多社團聚會及大型活動舉辦的地方，也是每位淡江人拍照、懷念的景點。

淡大校歌

作詞 / 鄒魯　作曲 / 呂泉生

浩浩淡江 萬里通航 新舊思想 輸來相將

博學審問 明辨篤行 自成機杼 用為世匡

學戒驕固 技守專長 樸實剛毅 大用是彰

彼時代之菁莪兮 國家之貞良

(願) 乾乾惕厲兮 莫辜負大好之時光

尋奇對話

Q 淡大畢業生連續 17 年獲企業界肯定，排名私校第一，全國第八！淡江畢業的學生還真的了不起！

A 主要原因是淡江大學是一所老字號的綜合型大學，做出了品牌。另外學風自由，學校治理相當前瞻及靈活。很早就提出三化：國際化、資訊化、未來化。

Q 擁有 24 萬名校友，應該是很大的社會資源。

A 換算一下，每 100 個台灣人就有一個是淡大畢業的！這還不包括他（她）們的家庭，他（她）們肯定都是淡江大學的代言人。這裡還出現過三代都是淡大畢業的！

Q 淡江大學已創立 60 餘年，一提到淡水都會想到淡江大學？

A 是的！淡江大學就屬於淡水。淡水基本上就是一座大學城。除了淡大，還有真理大學、聖約翰科技大學、台北海洋技術學院分校，及關渡基督學院等共 5 所高等學院。

Q 淡江大學畢業校友最懷念學校的地方是什麼？

A 四時變化的校園風景啊！尤其是古色古香的宮燈教室。每年3月校友回娘家日，校友們都會指定到宮燈教室裡重溫舊夢！

Q 淡江大學是民歌的發源地，音樂風氣應該很盛吧？

A 這裡沒有音樂系，但有一個很不錯的音樂廳。校園音樂活動一直很興盛，也養育不少知名歌手。藝文界及影視圈的校友也很多。反正，這裡很美，所以學生們都很懂得欣賞美！

河岸自行車道

Tamsui
15

淡水至紅樹林自行車道，沿河濱架設，車道長約 2.5 公里。可騎上公路延伸至淡海的漁人碼頭，亦可上關渡大橋，轉八里左岸自行車道風景區，直達十三行博物館。自行車道內只有行人及腳踏車才能進入，是最安全又愜意的單車之旅。自行車道一邊是綿延無際的海岸風光與濃密紅樹林水筆仔，一邊是疾駛如風的捷運，行在其中，山光水色盡收眼底。自行車道沿線設置觀景平台，不時可見白鷺鷥飛翔、招潮蟹橫行、彈塗魚的身影，可體驗淡水河岸好風光及對岸蒼鬱的觀音山、野鳥群飛、夕陽落日等美景。

假日單車

台北市政府自 2002 年開始規劃全市河濱自行車道，完成環繞台北市河濱，包括淡水河、基隆河、景美溪及新店溪等四大系統，南起景美、東自內湖，沿著河岸二側向下游延伸至關渡濕地，形成總長約 111 公里的河濱自行車道網絡。並根據各河川沿線不同的景觀及特色，將河濱自行車道規劃為「關渡、金色水岸、八里左岸自行車道」等不同休閒主題的自行車道。沿線豐富的自然、人文、古蹟等美麗景觀，提供給民眾假日的休閒好去處。完工以來，頗獲好評，假日騎單車幾乎蔚為台灣的國民運動！

河岸馳騁

台灣號稱自行車王國，捷安特（Giant）、美利達（Merida）早已是世界自行車十大暢銷品牌。台灣每年生產超過 440 萬輛自行車。許多國際名牌自行車也多委託台灣工廠生產。有 270 萬人以單車做為運動項目，70 萬人以單車為交通工具。單車環島更是最近最夯的運動項目。目前全台已建構完成 40 條自行車道，約有 1180 公里。其中大多沿河岸開闢。淡水到新店河岸自行車道全長 60 公里，假日騎乘人口更如過江之鯽。一方面運動休閒，另一方面親近河水，達到生態休閒旅遊的目的。

微笑單車（U-bike）

由台北市政府委託捷安特自行車建置和營運，並以「YouBike 微笑單車」作為對外的服務品牌（以 U-bike 為標誌）。它採無人化自助式服務，於 2009 年 3 月開始示範營運，最後在 2012 年 11 月正式啟用。YouBike 目前已經發出 13 萬張會員卡，累計的租賃次數超過 100 萬人次。截至 2014 年 2 月，YouBike 在台北市共有 158 個租賃站點。這項創舉開辦之初虧損連連，後來改成前半小時免費及廣設據點，租乘才蔚為風氣，成了台北市一項特殊景觀。人們也可以在淡水自行車道上看到它的蹤影。

尋奇對話

Q 聽說你曾去單車環島過，總共花了幾天？

A 全程 900 餘公里，我們一共花了 9 天。不過專業型的可以
7 天，甚至 5 天，還有人挑戰 3 天！

Q 台灣的年輕人為什麼特別喜歡單車環島？

A 因為相當方便，這也是親近自己的土地的一種方式。網路
也鼓吹愛台灣的三項運動：單車環島、登玉山、泳渡日月
潭。

Q 聽說很多企業及單位為提醒員工多運動，還會舉辦企業團
體自行車旅遊？

A 最有名的應該是捷安特自行車製造場老闆劉金標老先生，
70 多歲的他還帶領高級主管單車環島好幾次！

Q 台北市的「微笑單車」相當有名，連《國際旅遊雜誌》（*Global Traveler*）都曾專文推介。

A 2007 年法國巴黎街頭最早推出公共自助自行車（Vélib'），帶起了一股自行車風潮，世界其他主要城市也紛紛跟進。台北市的「微笑單車」租借系統便是取法巴黎，並將刷卡系統結合捷運悠遊卡。

Q 外國觀光客也可以借用嗎？

A 當然可以！只要買一張捷運悠遊卡，在街頭的服務柱上自行辦妥登記就可以了。

Tamsui auf einen Blick

Tamsui
01

歷史上的淡水

GESCHICHTE VON TAMSUI

Tamsui, ein Hafen neben einem Hügel voller Legenden, hat seit Jahrhunderten zahlreiche Bevölkerungsgruppen aus dem Südchinesischen Meer und vom chinesischen Festland aufgenommen. Mit der Zeit hat sich diese alte Stadt ständig verändert. Die Spuren dieser interessanten und abwechslungsreichen Geschichte werden bis heute mit Sorgsamkeit bewahrt. Auf dem gegenüber gelegenen Guanyin-Berg kann man Fluss, Hügel und Meer um sich herum haben und sich an der faszinierenden Landschaft dieses Ortes erfreuen. Bei den vielfältigen Sehenswürdigkeiten, dem vor dreihundert Jahren erbauten Schloss, der alten Straße und den traditionellen Tempeln und exotischen Gebäuden, sogar bei der entlang des Ufers fahrenden U-Bahn fühlt man sich wohl.

Wo liegt Tamsui?

An der Mündung des Tamsuiflusses befindet sich Tamsui nordwestlich vom Taipeh-Becken und grenzt an die Taiwanstraße. Der östlich angrenzende Stadtteil ist Beitou, nördlich liegt Sanzhi. Südlich gegenüber dem Tamsuifluss liegt Bali. In diesem Gebiet endet der Gebirgszug des Datun-Vulkans, daher ist diese Region auch als Fünf-Tiger-Hügel bekannt. Im Süden von Tamsui gibt es entlang des Tamsuiflusses schmales Flachland.

Acht Sehenswürdigkeiten in Tamsui

1. Buding, das Gebiet neben San Domingo

2. Das Gebirge Datun

3. Shalun-Strand

4. Ufer des Tamsui-Flusses

5. Mangrovenbaumgebiet, Guandu-Brücke

6. Meeresarm des Tamsui-Flusses

7. Guanyin-Berg

8. Tamsui alte Straße

Herkunft des Namens Tamsui

Aufgrund der Untersuchung des Historikers Chen mussten die früheren chinesischen Schifffahrer den Vorrat an Süßwasser auffüllen, damit sie weiterfahren konnten. Das Wort Tamsui impliziert einen Ort, an dem man sich aufhalten und Süßwasser auffüllen kann. Im 17. Jahrhundert, als westliche Kolonialmächte in Ostasien aktiv wurden, galt Taiwan als der Knotenpunkt des ostasiatischen Handels. Dies hat die Wichtigkeit von Tamsui, damals der wichtigste Hafen von Nordtaiwan, begründet. Der weltberühmte Name „Tamsui" erschien in westlichen Landkarten und Dokumenten. Häufig auftretende Schreibweisen sind „Tanchui" und „Tamchuy" auf Spanisch, „Tamsuy" auf Holländisch und so weiter. Offensichtlich wurde der Ortsname Tamsui damals durchgängig akzeptiert und populär. Der Name Tamsui bezeichnete das naheliegende Seegebiet an der Mündung des Tamsuiflusses, den Tamsui Hafen und die angrenzende Region.

Bedeutung des Ortsnamens Hobe

Hobe ist der alte Name von Tamsui. Es gibt vier Entstehungsversionen des Namens. Zwei davon haben mit Fischfang zu tun. Ein anderer Ursprung könnte der häufige Regen in diesem Gebiet sein. Ein weiterer Ursprung könnte die Sprache der Ureinwohner sein. Der Historiker Zhang Jianlong hat in seinem Aufsatz „Untersuchung zum Ortsnamen Hobe" hingewiesen, dass der Name Tamsui als Hobe-Gemeinde auf einer Landkarte markiert wurde, die während der Herrschaft des Kaisers Yong Zheng verfasst wurde. Das ist ein Beweis dafür, dass der Ortsname Hobe direkt aus der Sprache der Ureinwohner kommt.

Dialog

Q Das ist ja höchst interessant, dass hier „Tamsui"--
wörtlich „schales Wasser" genannt wurde.

A Es gibt vielerlei Erklärungen dafür. Eine davon lautet, dass die
damaligen Schiffahrer vom Han-Volk hier Süßwasser ent-
decken konnten. Der alte Name von Tamsui ist Hobe, welcher
wahrscheinlich auch der Name der hiesigen Ureinwohnern war.

Q Wer hat nach der Herrschaft des Han-Volkes hier regiert?

A Am Anfang waren es die Holländer. Nachfolgend gab es noch
Spanier, Franzosen, Briten und schließlich die Japaner. Weil
die Japaner im Sino-Japanischen Krieg die Qing-Regierung
besiegt hatten, erhielten sie laut Kriegsvertrag Taiwan als
Entschädigung. Bis China 1945 Taiwan übernahm, hatten die
Japaner 50 Jahre Taiwan regiert.

Q Jetzt sind fast alle Bewohner in diesem Stadtteil
Han-Chinesen. Seit wann sind die Han-Chinesen hier
intensiv eingewandert?

A Hier ist man ganz in der Nähe der Volksrepublik China, die
kürzeste Entfernung ist nur 130 Kilometer. Seit dem 18. Jahrhundert wanderten viele Leute, die eigentlich an der Küste

Chinas wohnten, illegal nach Taiwan. Damals war Tamsui der einzige große Hafen im Norden Taiwans. Schließlich hat die Qing-Regierung im Jahr 1885 offiziell die Insel Taiwan ihrem Herrschaftsbereich zugeordnet und die Provinzhauptstadt eingerichtet.

Q Hat eine amerikanische Filmgesellschaft aus Hollywood hier nicht schon mal den Film „The Sand Pebbles" gedreht, in dem Steve McQueen die Hauptrolle spielt?

A Genau. Der wurde im Jahr 1965 in Tamsui gedreht. Die Landschaft hier diente als Hintergrund des Janytse-Flusses in Festland-China. In dem Film geht darum, dass ein amerikanisches Schiff in den chinesischen Bürgerkrieg verwickelt ist.

Q Hier gibt es bestimmt zahlreiche historische Sehenswürdigkeiten.

A Sicher. Die historische Sehenswürdigkeiten sind sogar zahlreicher als in allen anderen Städten in Taiwan. Es gibt zahlreichekulturelle Ereignisse. Tamsui ist eine der bedeutendsten Städte für Tourismus und Erholung in Nordtaiwan geworden.

Stichwörter

01. Hafen: n. 港口

02. Hügel: n. 山丘

03. abwechslungsreich: a. 變化多端的

04. Sorgsamkeit: n. 謹慎、小心

05. faszinierend: a. 迷人的

06. Sehenswürdigkeit: n. 景點

07. Herrschaft: n. 統治

08. Kriegsvertrag: n. 戰後條約

09. Entschädigung: n. 賠償

10. einwandern: v. 移入

11. Hintergrund: n. 背景

12. angrenzend: a. 鄰近的

13. Meeresarm: n. 河口

14. durchgängig: a. 一般的、普遍的

15. Mündung: n. 河口

16. Fischfang: n. 捕魚

渡船頭

Tamsui 02

DER FÄHRKAI TAMSUI

Der größte Hafen im Norden von Taiwan ist der Fährkai Tamsui, durch ihn sind zahlreiche Chinesen in den Norden von Taiwan während der alten Zeit eingewandert. Früher galt dieser Hafen als Knotenpunkt für die Handelsbewegungen der Binnenschifffahrt. Vor 200 bis 300 Jahren wimmelte es hier vor Schiffen und Menschen, aber das lebhafte Bild ist heute nur noch eine Legende. Während der Zeit der japanischen Herrschaft wurde die Wichtigkeit des Hafens von Tamsui durch Keelung ersetzt. Seit der Eröffnung der Guandu-Brücke im Jahr 1982 hat der Transport per Schiff allmählich nachgelassen. Heute fahren nur noch Fähren zwischen Tamsui und Bali. Man fühlt sich entspannt und friedlich, wenn man die gemächlich fahrenden blauen Boote ansieht. Mit der Fertigstellung des Schwimmdocks 2004 und später der Blauen Straße haben die Ausflugsboote leichteren Zugang zum Andocken bekommen. Die Blaue Straße verbindet den Fischerkai, den Bali-Kai, das linke Ufer von Bali und den Guandu-Kai miteinander. All das hat den modernen Tourismus befördert.

Fähre in Tamsui

Der Fährkai Tamsui war früher der Haupthafen im Norden Taiwans. Seit alten Zeiten fahren die Schiffe hin und her. Der neue Hafen für Touristen wurde im Juli 2004 eröffnet. Der Hafen bietet Parkplätze für Ausflugsboote und hat gleichzeitig den Wasserverkehr und die Effizienz des Tourismus verbessert. Die Ausflugsboote sind eine Verbindung zwischen dem Fischerkai und dem linken Ufer von Bali und haben den Ausflugsbereich erweitert. Man kann mit dem Boot die inländische Landschaft genießen. Wenn die Sonne untergeht, funkeln die Strahlen auf dem Fluss, mit dem Guanyin-Berg in der Ferne sieht es aus wie ein riesiges Landschaftsgemälde. Wenn man hier an Bord steigt und sich am Ufer des Tamsui-Flusses und der Guandu-Brücke erfreut, entdeckt man eine ganz abwechslungsreiche Landschaft. Hier gibt es nicht nur Landschaften mit Bergen, Meer, Fluss und Stadt, sondern auch die goldene Oberfläche des Tamsui-Flusses während des Sonnenuntergangs. Wenn der Mondschein am Abend auf der Oberfläche erscheint, ist man fasziniert von dem funkelnden Wasser.

Die Blaue Straße

Das Entwicklungsziel der Blauen Straße ist es, den Transport auf dem Tamsui- und dem Keelung-Fluss nutzbar zu machen. Seitdem sie im Februar 2004 aktiviert wurde, gibt es bis heute acht Binnenwasserstraßen, und die Besucherzahl hat die Eine-Million-Marke überschritten. Entlang der Blauen Straße hat man die Möglichkeit, die ökologische Umgebung von der Wasserfläche aus ganz nah zu beobachten, was sowohl kenntnisfördernd als auch erholsam ist. Wenn man von Tamsui abfahren will, gibt es außerdem noch zwei Binnenwasserstraßen, die Blaue Straße von Nord-Taiwan und die Blaue Straße von der Nord-Küste. Beiden Straßen fördern nicht nur den Tourismus in Tamsui, sondern bieten auch vielfältige Ausflugsoptionen. Um japanische Touristen anzuziehen, wird auch eine Führung auf Japanisch angeboten. Der gegenüberliegende Taipeh-Hafen plant sogar, Schiffverbindungen direkt nach Fuzhou auf dem Festland anzubieten, um mehr chinesische Touristen zu fesseln.

Der Sonnenuntergang in Tamsui

Berge und Flüsse verbinden sich miteinander in Tamsui. Tamsui liegt gen Westen. Wenn die Sonne untergeht am Nachmittag, reflektiert der Fluss die Abendröte. Seit alten Zeiten fasziniert diese Aussicht sowohl zahlreiche Schriftsteller und Dichter als auch viele Maler und Fotografen. Besonders im Herbst scheint die Abendröte ganz bezaubernd auf die ganze Stadt. Unter den Strahlen fühlt man sich himmlisch wohl, solche schönen Momente bleiben für immer in Erinnerung.

Wandern nach Tamsui

Text / Chen Ming-Zhang   Musik / China Blue

Es macht nichts aus, ob wir uns kennen.

Wenn wir zusammenkommen, greifen wir zum Schnaps.
Zum Wohl !
Um zu leben, spielen wir beide Ziehharmonika und Gitarre als Straßenkünstler und wandern nach Tamsui.
Wenn wir an die Geliebte in der Heimat denken und das Herz nicht mehr weg von ihr geht, da wissen wir, dass wir die dümmsten sind.
Wir schlucken den Schnaps runter, dann werden wir uns entspannen und den Liebeskummer beiseitelegen. Die Vergangenheit sollte als ein Traum betrachtet werden. Das Leben wird in einer anderen Stadt neu beginnen.
Wir mögen keine Eitelkeit. Es sind die objektiven Umstände, die uns zu der Situation zwingen.
Wenn die Gäste uns auffordern, egal ob es gerade stürmisch ist oder nicht, müssen wir unsere Darbietung präsentieren.
Das Leben hat seinen Auf- und Untergang, deswegen brauchen wir uns auch keine Sorgen zu machen. In dieser Nacht sind alle beisammen, wir werden uns amüsieren, du tanzt und ich singe.
Es macht nichts aus, ob wir uns kennen.
Wenn wir zusammenkommen, greifen wir zum Schnaps.
Zum Wohl !

Dialog

Q **Der innerstädtische Verkehr ist wirklich praktisch.
Vom Hauptbahnhof in Taipeh bis nach Tamsui dauert
es nur 35 Minuten, dazu ist die Landschaft auf der
Strecke ziemlich schön.**

A Heutzutage ist das Metrosystem dichter und praktischer geworden. Die Touristen, die weit weg wohnen, kommen auch gerne hierher. Jedes Wochenende ist es hier überfüllt.

Q **Neben dem Metrosystem sind auch andere Verkehrsmittel sehr praktisch.**

A Von der Innenstadt Taipehs kann man nicht nur auf der Fernstraße nach Tamsui fahren, sondern auch mit der Wasserstraße
Tamsui erreichen. Aber für die Menschen, die kein Auto besit-
zen, ist es angenehmer, mit der U-Bahn zu fahren. Das
Metrosystem wurde im Jahr 1997 freigegeben. Der Baugrund
der Metro war ursprünglich die Tamsui-Bahnlinie, die von den
Japanern gebaut wurde und von 1901 bis 1988 in Betrieb war.

Q **Wir können auch mit dem Schiff nach Tamsui fahren.**

A Genau! Seit 2005 können die Reisenden von der Station in
dem alten Stadtteil, „Twatiutia" (taiwanische Aussprache) ein-
steigen und direkt nach Tamsui, sogar bis zum Fischerkai
fahren. Ab dem Jahr 2007 gibt es noch die Möglichkeit, dass
man in dem Schiffrestaurant „The Grant River" nach Tamsui
fahren und gleichzeitig Speisen und Landschaften genießen
kann.

Q Es sieht so aus, dass Tamsui eine große Zahl von Einwohnern hat und dass darunter besonders viele junge Leute sind.

A Es gibt etwa 150.000 Einwohner in Tamsui, vielleicht noch mehr. Weil es in Tamsui fünf Universitäten gibt, pendeln viele junge Leute hierher. Dazu liegt Tamsui ganz nah an Taipeh, und es gibt gute Verkehrsverbindungen und günstige Immobilienpreise, deswegen haben zahlreiche junge Ehepaare sich entschieden, hier zu wohnen.

Q Es scheint so, dass Tamsui viele Besucher hat.

A Der Sonnenuntergang in Tamsui ist einer der acht berühmtesten Aussichten Taiwans. Seit langer Zeit kommen viele Besucher hierher. Bis jetzt sichert sich Tamsui einen Platz auf der Top-Ten-Liste der beliebtesten Ausflugsziele Taiwans. Jährlich wird Tamsui von etwa fünf Millionen Touristen besucht.

Stichwörter

01. Fährkai: n.		渡船碼頭
02. Knotenpunkt: n.		匯合點
03. wimmeln: v.		擠
04. gemächlich: a.		悠閒的
05. überfüllt: a.		過多的
06. Einwohner: n.		居民
07. Schriftsteller: n.		作家
08. Abendröte: n.		晚霞
09. Straßenkünstler: n.		街頭藝人
10. Eitelkeit: n.		虛榮
11. Darbietung: n.		表演
12. funkeln: v.		閃亮
13. Landschaftsgemälde: n.		風景畫
14. kenntnisfördernd: a.		增長知識的
15. anziehen: v.		吸引

Tamsui
03

紅毛城

FORT SAN DOMINGO

Das Fort „San Domingo" wurde im Jahr 1628 von den Spaniern gebaut, die damals Nordtaiwan besetzt hielten. Im Jahr 1644 haben die Holländer das Fort auf der ursprünglichen Stelle wieder neu aufgebaut. Die Einheimischen nannten das Gebäude gewöhnlich Hong-Mau-Schloss, denn die Holländer wurden als Hong-Mau (rotes Haar) bezeichnet. Die Cheng-Legion der Ming-Dynastie hat die Holländer besiegt und diese Region kurz regiert. Danach hat das Regime der Qing-Dynastie das Gebäude renoviert und als Festung zur Verteidigung benutzt. Ab 1867 haben die Engländer das Gebäude als Konsulat langfristig gemietet. Im Jahr 1891 haben die Engländer ein neues, viktorianisches Gebäude als Amtssitz hinter dem Fort gebaut. Als England die diplomatischen Beziehungen mit unserem Staat abbrach, wurde das Eigentum an die USA und Australien übergeben. Unsere Regierung übernahm erst im Jahr 1980 dieses alte Gebäude. Das Fort San Domingo ist nicht nur eines der ältesten Gebäude in Taiwan, sondern es steht auch unter historischem Denkmalschutz erster Klasse. Im Juli 2005 wurde das Gebäude als Tamsui Monument Museum umgebaut.

San Domingo in Hobe

Wu Ze-Guang, ein in Miaoli geborener Gelehrter während der Qing-Dynastie, war ein kenntnisreicher Mann, wurde sogar als der beste Wissenschaftler vor 1900 benannt. Qiu Fengjia war ein Student von ihm. Im Jahr 1866 fuhr Wu Ze-Guang mit einem Schiff nach Festland-China, um an der staatlichen Prüfung teilzunehmen. Als er durch Tamsui kam, hat er den Aufsatz „Das Fort San Domingo in Hobe" geschrieben, um die spektakuläre Landschaft zu beschreiben.

Das niederländische Schloss

Das niederländische Schloss ist das Hauptgebäude des Forts San Domingo. Ur-sprünglich wurde es von den Spaniern aus Holz er-baut. Weil das alte Schloss von den Han-Chinesen in Brand gesetzt wurde, errichteten die Spanier es im Jahr 1637 aus Stein. Kurz nach dem Bauabschluss haben die Spanier sich entschieden, die Armee zurückzuziehen, und den Befehl erteilt, das Schloss zu zerstören. Die holländische Besatzung hat im Mai 1644 damit angefangen, das Gebäude umzubauen. Es wurde hauptsächlich aus Stein, und zwar im kuppelartigen Stil gebaut. Es sieht so aus, dass die Holländer die Absicht hatten, ein stabiles Schloss zu bauen, da der Baugrund tiefer gegraben wurde und hochwertiger Kalk und Ziegelstein aus Indonesien verwendet wurde. Im Jahr 1662 hat das Cheng-Regime die Holländer nach Südtaiwan vertrieben. Die holländische Besatzung in

Tamsui ist auch weggezogen. Im Jahr 1863 haben die Engländer das alte Gebäude gemietet und danach die Artillerie-Festung zu einem konsularischen Büro, Wohnungen und vier Gefängnissen umgebaut.

Das Konsulat von Großbritannien

Das Konsulat von Großbritannien hat eine mit roten Ziegelsteinen gebaute Terrasse, was man oft bei kolonialer Architektur sehen kann. Das Gebäude hat ein schiefes Dach und ein Triforium, was man in tropischen Regionen gut gebrauchen kann. Das Konsulat hat einen englischen Architekten beauftragt, den Bau zu entwerfen. Möglicherweise kamen die Handwerker und das Material aus der Xiamen- und Fujian-Provinz. An der Westseite des Erdgeschosses ist das Wohnzimmer und das Arbeitszimmer, an der Ostseite ist der Speisesaal und die Küche. Hinter dem Konsulat sind der Waschraum und einige Zimmer für die Diener. Im zweiten Stock gibt es drei große Schlafzimmer und ein Lager. Das Konsulat umgibt eine Wiese, und es gibt sogar einen Rosengarten. Die Arkade ist ein idealer Ort für einen Nachmittagstee. Das Material für den Bau des Konsulats und der Residenz wurde stringent ausgewählt, und das Gebäude wurde in elegantem Design umgebaut. Darüber hinaus ist das Konsulat eines der wenigen verbliebenen westlichen Gebäude in Ostasien, das von den Engländern gebaut wurde.

Dialog

Q **Sind auch die Engländer in den Augen der Han-Chinesen „Hong-Mau"?**

A Genau. Früher nannten die Chinesen die Ausländer immer „Hong-Mau", also rotes Haar, wegen der Haarfarbe. Das Fort San Domingo ist schon fast 400 Jahre alt und wurde der Reihe nach von den Spaniern, den Holländern, der Ming-Dynastie, der Qing-Dynastie, den Engländern, den Japanern den Amerikanern und den Australiern verwaltet. Wenn man die Geschichte von San Domingo kennt, erhält man auch Kenntnisse der neueren Geschichte Taiwans.

Q **Wie viele Konsulate haben die Engländer in Taiwan gebaut?**

A Insgesamt drei. Das allererste Konsulat befindet sich in Kaohsiung, danach in dem Anping-Stadtteil in Tainan, schließlich in Tamsui. Das Konsulat in Tamsui hat das größte Ausmaß von allen und hat auch die beste Aussicht, und es wird immer gut ge-pflegt. Allerdings ist der Stil der drei Gebäude sehr ähnlich, alle sind im viktorianischen Stil erbaut, dem sogenannten kolonialen Stil.

Q **Damals war das Konsulat bestimmt sehr beschäftigt, oder?**

A Tamsui diente seit 1860 als internationaler Handelshafen. Der Außenhandel ist demzufolge plötzlich gestiegen, besonders der Export von Teeblättern und Kampfern, die hauptsächlich nach China exportiert wurden.

Q **Ab 1895 haben die Japaner Taiwan kolonisiert. Sind die Engländer in dieser Zeit noch hiergeblieben?**

A Genau! Laut des internationalen Rechts gehörte das Gebiet immer noch zu Großbritannien, deswegen durften die Engländer noch bleiben. Erst während des Zweiten Weltkriegs haben sie sich zurückgezogen, aber nach dem Krieg wurde die Regierung der Republik China aufgefordert, das Gebiet zurückzugeben.

Q **Warum waren die Engländer erst im Jahr 1980 bereit, das Gebiet zurückzugeben?**

A Die Engländer wollten nie das Gebiet aufgeben, auch nachdem sie im Jahr 1972 die diplomatischen Beziehungen mit unserer Regierung abgebrochen haben, besaßen sie nach dem Recht weiter das Gebiet. Durch große Mühe unserer Regierung wurde das Gebiet schließlich zurückgegeben. Sonst wäre es auch nicht möglich, diesen Ort hier zu besuchen.

Stichwörter

01. einheimisch: a.   當地的

02. renovieren: v.   整修

03. Denkmalschutz: n.   古蹟保護

04. Konsulat: n.   領事館

05. Ausmaß: n.   規模

06. verwalten: v.   管理、統治

07. Außenhandel: n.   對外貿易

08. Weltkrieg: n.   世界大戰

09. Gelehrter: n.   學者

10. kuppelartig: a.   穹窿式

11. vertreiben: v.   驅逐

12. Artillerie: n.   大炮

13. Gefängnis: n.   監獄

14. umgeben: v.   環繞、包圍

15. Nachmittagstee: n.   下午茶

馬偕、教會、學校

Tamsui
04

MACKAY, DIE KAPELLE UND DIE SCHULEN

Der Kanadier Mackay war der berühmteste Ausländer in Tamsui. Eine Straße wurde sogar nach ihm benannt. Das von ihm gegründete Krankenhaus Mackay dient heutzutage tausenden Taiwanern. Das ganze Leben lang hat er sich damit beschäftigt, die taiwanische Bevölkerung zu heilen, zu missionieren und auszubilden. Fast 30 Jahre hält er sich in Tamsui auf, am Ende starb er hier und wurde auch hier begraben. Als er 27 Jahre alt war, hatte er seine Heimat verlassen. Im März 1872 ist er in Tamsui angekommen und hat sofort die Entscheidung getroffen, hier zu bleiben, um das Glaubensbekenntnis der Presbyterianer zu verbreiten. Er hat Spenden aus den USA und Kanada gesammelt, um medizinische Einrichtungen aufzubauen. Während des Chinesisch-Französischen Kriegs hat er der Qing-Regierung dabei geholfen, die Verwundeten zu heilen. Obwohl er keine medizinische Ausbildung bekam, hatte er über 20.000 faule Zähne von Taiwanern herausgezogen. Überdies hat er auch Gemüsesamen aus dem Ausland eingeführt, z.B. Radieschen, Kohl, Tomaten, Brokkoli und Karotten.

Die Tamsui-Kapelle

Die Tamsui-Kapelle befindet sich in der Mackaystraße. Das jetzige Gebäude ist im Jahr 1932 umgebaut worden, entworfen von Mackays Sohn George W. Mackay. Die Kapelle ist eine Imitation der gotischen Architektur. Auf der Kapelle gibt es einen quadratischen Glockenturm. Die Zimmerdecke wurde aus Holz gemacht. Es gibt eine Orgel in der Kapelle, die seit Anfang 1909 verwendet wird. Die Tamsui-Kapelle gilt heute als das größte Versammlungsort der presbyterianischen Kirche Taiwans. In der Kapelle können etwa 300 Leute Platz finden. Das Dach der Kapelle wurde im Jahr 1986 renoviert. Diese Kapelle wurde mit hochwertigen Backsteinen und abwechslungsreichen Wänden gestaltet. Vermutlich waren die damals berühmten Handwerksmeister Hong Quan und Huang A-shu dafür zuständig. Das Gebäude war früher das Wahrzeichen des Stadtteils und galt gleichzeitig als Lieblingsobjekt vieler Maler.

Der Missionar Mackay

George Leslie Mackay (1844~1901) wurde in Ontario in Kanada geboren. Er war Arzt, aber auch Pastor bei der Presbyterianischen Kirche und wurde von Taiwanern Dr. Mackay oder Pater Kay genannt. Die westlichen Historiker haben ihn ganz hoch bewertet und mit dem Satz „Rather burn than rust out" gelobt. Am Ende des Jahres 1871 ist er in Kaohsiung angekommen, im folgenden Jahr hat er damit angefangen, in Tamsui zu missionieren, dabei hat er die Sprachvariante Minnan gelernt. Später hat er sogar eine Taiwanerin geheiratet. Er reiste überallhin und verbreitete den christlichen Glauben, darüber hinaus gründete er über 20 kirchliche Gemeinden im Norden und Osten Taiwans. Im Jahr 1882 hat er die Oxford Akademie(die heutige Aletheia-Universität) gegründet, zwei Jahre später baute er eine Akademie für Frauen und Mädchen auf. Sein Sohn folgte ihm nach und gründete die Tamkang-Mittelschule. Er schrieb das Buch „Mackay Diary", das mehr als 70 Millionen Wörter enthält und in drei Heften veröffentlicht wurde.

Tamkang-Mittelschule

Die Tamkang-Mittelschule wurde im Jahr 1914 offiziell errichtet. Früher hieß sie Tamsui-Mittelschule oder Tamsui-Mädchenschule. Sie wurde vom Missionar der kanadischen presbyterianischen Kirche Dr. Mackay und seinem Sohn gegründet und ist heute eine der wenigen hundertjährigen Schulen in Taiwan. Durch die Geschichte der Schule kann man die Entwicklung und den Wandel der Bildungskultur in Taiwan gut erkennen. Die Schule liegt am Berg und hat eine gute Aussicht auf das Meer. Die Landschaft ist faszinierend, außerdem hat sie viel Grünfläche um sich herum. Das Schulgebäude wurde in europäischem und amerikanischem Stil modelliert, überdies hat es eine Verbindung mit chinesischen Architekturelementen. Die Schule bietet eine angenehme Umgebung, die zu humanistischen Ideen inspirieren und diese zu kultivieren. Der vom Missionar und Geometrie-Lehrer Dr. K. W. Dowie entworfene „Achteckige Turm" wurde im Juni 1925 in einer Mischung aus chinesischer Pagode und byzantinischer Architektur fertiggestellt. Er gilt als die Seele der Schule.

Dialog

Q Ich habe eine Mackay-Straße in dem alten Stadtteil Tamsui gesehen. Eine Statue wurde am Anfang der Straße in der Mitte des Kreisverkehrs errichtet. Der Kanadier soll einer der geehrtesten Stadtbewohner von Tamsui sein.

A Ja, Dr. Mackay hat in Taiwan mehr als 30 Jahre gewohnt und hat Tamsui als seine Heimat betrachtet. In seinem ganzen Leben hat er als Arzt praktiziert, missioniert, und er hat sich um eine bessere Ausbildung bemüht. Er hat den Taiwanern viel Wohltätigkeit gegeben.

Q Im Gegensatz zum Verhalten der Spanier, Holländer, Franzosen, Japaner, und Engländer verdienen die Taten des Kanadiers tatsächlich den Respekt von allen.

A Dr. Mackay hat die moderne Medizin in Taiwan eingeführt. Er heilte die Taiwaner und half dabei, qualifiziertes Personal für eine medizinische Versorgung auszubilden und Geld für die Errichtung des Krankenhauses aufzubringen. Das Mackay Memorial Hospital hat sich immer weiter vergrößert und ist immer moderner geworden. Es gibt insgesamt vier Niederlassungen in Taiwan. Sie bieten über 3.000 Krankenbetten und haben fast 7.000 Mitarbeiter. Gleichzeitig hat Mackay noch eine Krankenpflegeschule und eine medizinische Schule gegründet.

Q Ich habe gehört, dass die Tamkang-Mittelschule sehr schön ist. Der berühmte Sänger und Komponist Jay Chou hat sie auch besucht.

A Man kann sagen, dass die Tamkang-Mittelschule die erste Schule im westlichen Stil in Taiwan ist. Die Schulgebäude sehen faszinierend aus, und auch das Schulgelände ist sehr schön. Das passt auch irgendwie zu der Umgebung. Die Tamkang-Mittelschule wurde auch von Dr. Mackay gegründet. Sein

Sohn hat später den gleichen Beruf ausgeübt. Viele qualifizierte Fachleute im Bereich von Kunst und Kultur sowie Wirtschaft haben ihren Abschluss hier bekommen. Der ehemalige Präsident Lee Teng-hui ist auch ein Absolvent von dieser Schule.

Q **Stehen die Tamkang-Mittelschule und die Gründung der Tamkang-Universität auch in Verbindung?**

A Ja! Nachdem der Gründer der Tamkang-Universität, Chang Ching-sheng, in Japan studiert hatte, kam er von Festlandchina nach Taiwan und wollte eine Universität gründen. Zuerst war er Schulleiter an der Tamkang-Mittelschule. Später hatte er Spenden gesammelt und das Grundstück angeschafft. Schließlich hat er 1950 die Uni gegründet. Die originale Adresse der Universität war eigentlich die von der Tamkang-Mittelschule.

Q **Hat Jay Chou hier einen Film gedreht?**

A Der Film heißt „Secret" (2007). In der Tat gilt Tamsui immer als ein beliebter Ort für Filmaufnahmen, z.B. der früher gedrehte Film „The Sand Pebbles"(1966), „Unser Himmel"(1986), „Orz Boy "(2008) und die Fernsehserie „Happy Together"(2009), und so weiter.

Stichwörter

01. missionieren: v.   傳教

02. auszubilden: v.   教育

03. Einrichtung: n.   設施

04. Statue: n.   雕像

05. Kreisverkehr: n.   圓環

06. betrachten: v.   視為

07. Wohltätigkeit: n.   善行

08. Krankenpflegeschule: n.   護校

09. Presbyterianisch: a.   長老教會的

10. Spende: n.   捐獻

11. Glockenturm: n.   鐘塔

12. bewerten: v.   評價

13. Wahrzeichen: n.   地標

14. Grünfläche: n.   綠地

15. Mischung: n.   混合

Tamsui
05

觀音山

Der Guanyin-Berg

Der Guanyin-Berg befindet sich am linken Ufer des Tamsui Flusses und ist 616 Meter hoch über dem Meeresspiegel. Die Bergspitze wird Schlägertyp-Berg genannt. Auf dem Berg gibt es viele alte Tempel, dadurch wird die geistliche Atmosphäre vermehrt. Einige davon verehren die Göttin Guanyin, so dass sie Guanyin-Tempel genannt werden. Der Berg liegt westlich neben der Taiwan-Straße, nordöstlich getrennt vom Tamsui-Fluss gegenüber Guandu. Die sogenannte „in Nebel getauchte Bergkette" gehört zu einer der acht berühmten Landschaften in Tamsui. Dies ist auch ein guter Ort zum Bergsteigen und Wandern. Während der Herrschaft der Holländer nannte man den Berg „Tamswijse berch", aber aus Gewohnheit nannten die Han-Chinesen den Berg „Mount Becken Bali", da der gleichnamige Volksstamm der Ureinwohner in der Gegend gewohnt hat. Es gibt zwei Quellen für die Änderung des Bergnamens. Eine davon behauptet, dass im Jahr 1752 ein Student namens Hu den ersten Guanyin-Tempel auf der Bergstraße gebaut hat. Die andere behauptet, dass der Berg nach der Kontur benannt wurde, weil vom Standpunkt Guandu aus der Umriss des Berges wie die Silhouette der Göttin Guanyin aussieht.

Die Legende von Guanyin

Avalokiteśvara wurde auch als Bodhisattva Avalokiteshvara übersetzt und als Guanyin abgekürzt. Guanyin ist der am meisten verehrte buddhistische Gott in Ostasien. Guanyin steht auch an der ersten Stelle von fünf Göttern, die am häufigsten vom chinesischen Volk angebetet werden. Die Götter werden oft in den Familienschrein gestellt und täglich zwei Mal angebetet. Laut der Beschreibung der buddhistischen Texte ist Guanyin sehr barmherzig. Wenn die Menschen in irgendwelche Schwierigkeiten geraten, braucht man nur den Namen von Guanyin zu rufen, dann wird Guanyin sofort kommen, den Menschen aus der Not helfen und die Gläubigen aus der Krise retten, daher nennen die Menschen Guanyin Avalokiteshvara mit großer Barmherzigkeit. Mit diesem Leumund erscheint Guanyin als berühmteste Göttin des Buddhismus. In fast jeder Familie wird Guanyin angebetet.

Der Fuyou-Tempel

Der Fuyou-Tempel ist der älteste in Tamsui. Der Bau des Tempels soll 1732 begonnen worden sein. Im Jahr 1796 wurde er einmal umgebaut. Im Tempel wurde Matsu, die Beschützerin der früheren Einwanderer und Geschäftsleute, verehrt. Früher war dieser Tempel der Kern der Religion in Tamsui. Die zwei Straßen neben dem Tempel kombinierten auch die ältesten Bezirke Tamsuis. Direkt vor dem Tempel ist der alte Anlegeplatz für Schiffe. Der Tempel gilt als der Ausgangspunkt der Entwicklung von Tamsui. Während des Chinesisch-Französischen Kriegs hat dieser Tempel die Chinesen vor der französischen Marine geschützt, daher verlieh Kaiser Guangxu dem Tempel eine Tafel mit Inschriften. Der Fuyou-Tempel gehört zur dritten Klasse der historischen Denkmäler. In diesem berühmten Tempel gibt es natürlich Kulturdenkmäler wie zum Beispiel beschriftete Tafeln, Steinpfeiler und Stelen. Eine Stele davon beschreibt eine Geschichte aus dem Jahr 1796, wie ein Kaufmann aus Tamsui sich dem Aufbau eines Leuchtturms gewidmet hat.

Shihsanhang-Museum

Das Shihsanhang-Museum befindet sich am linken Ufer an der Mündung des Tamsui-Flusses. Es ist ein archäologisches Museum und steht unter historischem Denkmalschutz zweiter Klasse. Nachdem der Geologe Lin Chao-Kai im Jahr 1957 den Ort überprüft hat, wurde hier die Shihsanhang-Ruine bestätigt. Die Archäologen haben später einige sehr bedeutende Relikte und Gräber ausgegraben. Das ist eigentlich die Repräsentation der verbliebenen prähistorischen Eisenzeit-Kulturen Taiwans vor 1800 bis 500 Jahren. Die ausgegrabene Menschenrasse sollte mit der Volksgruppe „Ketagalan" verwandt sein. Die wichtigen Relikte sind zum Beispiel Keramik, Eisen, Schmelzöfen, Grabbeigaben und Handelswaren aus dem Ausland. Im Jahr 1989 hat man angefangen, das Museum zu bauen. Erst im April 2003 wurde es eröffnet. In der Gegend um das Museum befinden sich vielfältige Ruinen, kulturelle Denkmäler, Naturschutzgebiete, Uferlandschaften, historische Völkerkunde, Kultur, Kunst und öffentliche Einrichtungen. Alles zusammen ist im Park für Kultur und Ökologie am linken Ufer Balis zu sehen.

Dialog

Q **Warum wird die Gegend hier Shihsanhang genannt?**

A Während der Qing-Dynastie eröffneten dreizehn westliche Unternehmen in diesem Gebiet ihre Niederlassungen, daher nannten die Einwohner die Gegend hier Shihsanhang.

Q **Sind die ehemaligen Einwohner fast alle erfahrene Seeleute?**

A Ja. Die Ureinwohner in Taiwan sind alle Abkömmlinge von Seefahrern. Die 16 Volksgruppen der Ureinwohner sind zu verschiedenen Zeiten mit Hilfe der Meeresströmungen hierher gefahren. Damals sind sie einfach mit den Bankas über das Meer gefahren und haben ihr Leben riskiert. Die Ureinwohner, die vor 1500 bis 2000 Jahren in der Gegend von Tamsui leben, sind die Vorgänger der Volksgruppe Ketagalan, die zur Gruppe Pingpu im Norden Taiwans gehört.

Q **Gibt es die Möglichkeit, von hier direkt nach Festland china zu fahren?**

A Klar! Ab Oktober 2013 darf man vom Taipeh-Hafen (Bali) abfahren und kann Fu-zhou (Pingtan) direkt erreichen. Die Fahrt dauert nur drei Stunden. Früher hat es tagelang gedauert mit dem Segelboot.

Q Welches Geschlecht hat Bodhisattva-Guanyin?

A Nach dem Buddhismus ist Guanyin weder männlich noch weiblich, andere Götter des Buddhismus sind auch Zwitter. Eigentlich war das Image von Guanyin während der Tang-Dynastie männlich. Es sollte sein, dass Guanyin öfter in weiblicher Gestalt den Menschen den Ausweg zeigt. Möglicherweise stammt die weibliche Vorstellung daher, dass Guanyin die Menschen vor Katastrophen schützt und davor rettet, was ein Symbol der mütterlichen Liebe ist.

Q Wer ist Matzu ?

A Vom Hörensagen war sie die Tochter Namens Lin Mou-Niang aus einer Fischer-Familie in der Song-Dynastie. Nachdem sie ihr Leben riskiert und ihren Bruder und Vater in Seenot gerettet hat, ist sie die Göttin des Meers geworden. Die Glaube an Matzu hat sich überall an den südlichen Küsten von Festlandchina und Südostasien verbreitet. Die Gläubigen sind heute über 200 Millionen. Allein in Taiwan gibt es über 900 Tempel, in denen Matzu verehrt wird.

Stichwörter

01. Meeresspiegel: n.   海平面

02. Atmosphäre: n.   氣氛

03. Ureinwohner: n.   原住民

04. Silhouette: n.   輪廓

05. erfahren: a.   有經驗的

06. Meeresströmungen: n.   洋流

07. Abkömmling: n.   後裔

08. Segelboot: n.   帆船

09. Geschlecht: n.   性別

10. Bodhisattva: n.   菩薩

11. Barmherzigkeit: n.   慈悲

12. Archäologen: n.   考古學者

13. Grabbeigaben: n.   墓葬品

14. Steinpfeiler: n.   石柱

15. widmen: v.   奉獻

Tamsui
06

淡水河岸

DIE KÜSTE DES TAMSUI-FLUSSES

1, 5 Kilometer lang erstreckt sich die Küste des Tamsui-Flusses, die von der Alten Straße beginnt und beim Fischerkai endet. Die Behörde nennt die Strecke „goldene Küste", denn hier leuchtet es immer strahlend beim Sonnenuntergang. Entlang der Küste gibt es Wanderwege unter Baumschatten, Flussufer, Bühne am Wasser, Cafés, eine Bucht zum Beobachten der Gezeiten, Platz für Straßenkünstler und andere Einrichtungen. An dem kleinen Fischereihafen stehen acht hundertjährige Banyanbäume. Diese Bäume sind ein beliebter Ort für hiesige Bewohner. Man kann sich im Schatten des Baumes gut abkühlen, angeln und auch den Sonnenuntergang genießen. Die künstlerischen Skulpturen, die von den Geschäften gespendet werden, tragen zur künstlerischen Atmosphäre entlang des Ufers bei. Die Skulpturen sind „Fisch-Spiele" von Yu Lian-Chun, „Boot und Mond" von Uehara Kazuaki, Morgendämmerung Begrüßen" von Lai Zhe-Xiang. Entlang der Küste stehen zahlreiche Geschäfte, z. B. besondere Cafés, exotische Restaurants und Geschäfte mit kreativen Waren. Das ist der beste Ort, den man aufsuchen kann, wenn man sich entspannen möchte.

Landschaft an der Küste

Die kleine Stadt Tamsui verbindet sich mit dem Berg, Fluss und Meer. Früher war hier der größte Hafen im Norden Taiwans. Nebenbei enthielt das Städtchen auch historischen und kulturellen Charme. Tamsui entwickelt sich seit langem und hat ziemlich viele Maler und Dichter angelockt. Seit der japanischen Herrschaft faszinierte die Landschaft vor allem professionelle Maler. Daher gilt diese  Region auch als Pilgerort für taiwanische Maler. Hier gibt es Nachbildungen von europäischen Kleinstädten, wie z. B. die gotische Kirche, an der Küste haltende Boote, die Fähren, abwechslungsreiche Ansichten des Guanyin-Bergs und der neblige Meeresarm, was alles Objekte für Maler sind. Fast jeder Maler vergangener Tage hat Tamsui besucht und die zeitlosen Landschaften Tamsuis in seinen Kunstwerken abgebildet.

Das Volkslied

Die Volkslieder sind von dem Volk und wurden von den Bürgern geschrieben, komponiert und gesungen. Zuerst wurden die Volkslieder nur im Campus an den Universitäten gesungen. Die Lieder sind eine Widerspiegelung der öffentlichen Meinungen, besonders sind sie die innere Stimme von jungen Leuten. Als der Lokalismus und die Energie des künstlerischen Schaffens Ende der 70er Jahre explodierten, verbreiteten sich die Volkslieder in Taiwan. Der einflussreiche Anführer der Bewegung war Lee Shuan-Ze (1949-1977), ein Absolvent der Tamkang Universität. Im Jahr 1976 war er auf einem Konzert im Campus der Tamkang Universität, er ging unerwartet mit einer Flasche Cola auf die Bühne und fragte das Publikum: „In den USA, in Europa oder in Taiwan wird Cola getrunken und westliche Musik gehört. Aber was ist denn eigentlich unser eigenes Lied?" Mit dieser Bemerkung hat er das Publikum überrascht. Er nahm seine Gitarre, sang das Lied „Netz reparieren" von Herrn Lee Lin-Qiu, und fand Widerhall bei den Zuhörern.

Die Idee von Yeh Chun-Lin

Als Dramatiker kam Herr Ye Chun-Lin im Jahr 1957 mit einer Gruppe der Außenaufnahme in Tamsui an. Er ging den Fluss entlang während der Abenddämmerung. Als die Sonne allmählich untergegangen war, sammelten sich die Bewohner an dem Fährhafen und hießen die zurückkehrenden Fischer willkommen. Plötzlich hörte er eine Frau singen und versuchte, die Quelle ausfindig zu machen. Er sah eine junge Frau auf dem Balkon hinter der Tür stehen. Sie schaute mit einem sentimentalen Blick nach dem Meer. Der Blick der jungen Frau hat ihn inspiriert, das berühmte Lied zu komponieren.

Sonnenuntergang in Tamsui

Text / Ye Jun-Lin   Musik / Hong Yi-Feng 1957

Die Sonne geht bald runter, und der Fluss verfärbt sich bunt.

Alle, egal ob Alt oder Jung, Mann oder Frau, warten auf die zurück-kehrenden Fischerboote.

Die Tür des rosafarbigen Hauses ist halb offen.

Die Musik, begleitet von Melancholie, kommt aus der Tür.

Ach! Niemand weiß, wie schwer der Kummer auf dem Herzen liegt.

Der Mond strahlt durch den Nebel und guckt hinter dem Berg hervor.

Der Schatten tanzt auf dem Fluss, und der Meereswind weht frostig.

Ein Vogel ohne Begleitung sitzt am Ufer und zwitschert.

Ach! Wie das Zwitschern das Herz berührt.

Der Abend in Tamsui wirkt wie ein Gedicht: Der Nebel verhüllt das ganze Dorf, die Glocke von der Kirche hallt am Meer wider.

Das Licht leuchtet finster und glitzert wie die Sterne im Himmel.

Die unvergessliche Szene weckt den Kummer.

Dialog

Q Die Besucher sind alle mit der Metro hierher gefahren, oder?

A Ja. Seit 1997 verkehrt die Tamsui-Linie. Am Anfang hatte die Linie weniger Passagiere, damals erlitt der Unternehmer sogar Verlust. Jetzt sind fast alle Züge voll, besonders am Wochenende und an Ferientagen.

Q Wie viele Touristen kann Tamsui maximal auf einmal aufnehmen?

A Während des Neujahrs 2014 war es sonnig und warm, es waren an einem Tag über 100.000 Touristen. Die ganze Küste und alte Straße waren überfüllt. Wenn man die Menschenmenge von oben anschaute, sahen die Touristen wie Sardinen aus.

Q Kann man sich in dieser Situation noch erholen und die Stadt entspannt besichtigen?

A Man kann wahrscheinlich nur die Menschenmenge beobachten. Eigentlich ist es aber relativ ruhig und gemächlich während der Wochentage oder am frühen Morgen.

Q Das Volkslied ist zuerst in Tamsui erschienen. Viele Leute haben Lieder komponiert, um Tamsui zu loben. Gibt es hier eine Akademie für Musik in Tamsui?

A Eine Musikabteilung in der Nähe gibt es nur an der Taipei National University of the Arts in Guandu. Die Unis hier haben leider keine Musikabteilung. Aber das macht nichts, denn die Umgebung hier macht einen leidenschaftlich, daher hat man viele Ideen für Lieder. Wie zum Beispiel das von Herrn Chen Ming-zhang komponierte Lied „Wandern nach Tamsui", das im Jahr 1997 sehr berühmt war.

Q Ist die Küste des Tamsui-Flusses anders als früher?

A Nach meiner Erinnerung war hier früher nur ein kleiner Fischereihafen mit Fischgestank und es gab nur wenige Touristen. Jetzt sind die Küsten von Tamsui und Bali erfolgreich saniert. Sie sind modern, kommerzialisiert und touristisch geworden.

Stichwörter

01. sich ertrecken: v.   延伸

02. Baumschatten: n.   樹蔭

03. Gezeiten: n.   浪潮

04. Skulptur: n.   雕塑

05. Morgendämmerung: n. 破曉

06. besichtigen: v.   參觀

07. komponieren: v.   作曲

08. verfärbt sich: v.   染色

09. neblig: a.   多霧的

10. Erinnerung: n.   印象、記憶

11. Außenaufnahme: n.   拍外景

12. Volkslied: n.   民歌

13. Anführer: n.   領導者

14. Kunstwerk: n.   藝術品

15. Widerhall: n.   迴響

淡水老街

Tamsui
07

DIE ALTE STRAßE TAMSUIS

Tamsui war einmal der größte Hafen im Norden Taiwans. Wegen der Entwicklung des Keelung-Hafens und des sedimentierenden Schlamms hat der Tamsui-Hafen seine Funktion als Handelshafen allmählich verloren. Mit der Zeit ist er zu einem kleinen lokalen Fischereihafen niedergegangen. Stattdessen hat sich Tamsui zu einer touristischen Stadt verwandelt. Heute stehen viele morderne Häuser auf der Zhongzheng-Straße, dazwischen befinden sich einige aus Backstein gebaute Geschäfte. Das reflektiert die Geschichte der Entwicklung von Tamsui. Hier stehen auch viele alte Tempel. Wenn man durch die Gegend bummelt, dann kann man erleben, wie das Leben der früheren Einwohner war. Die Alte Straße befindet sich in der Gegend der Zhongzheng-Straße, Chungjian-Straße und Qingshui-Straße. Die Metro-Station liegt auch ganz in der Nähe der Alten Straße, was ganz praktisch ist. Daher ist diese Gegend während des Wochenendes immer ganz voll von Besuchern, besonders auf der Zhongzheng-Straße. Es sind viele Spezialitäten-, Kunst- und Antiquitäten-Läden auf der Alten Straße versammelt. All dies zeigt die kulturellen Besonderheiten und weckt Erinnerungen an alten Zeiten.

Chungjian-Straße

Die auf dem Berg liegende Chungjian-Straße ist nicht nur eine geschichtsreiche Straße, sondern auch eine der am frühesten entwickelten Geschäftsstraßen in Tamsui. Die Straße ist ein Symbol der Bergstadt. Ursprünglich hieß die Straße Top-Straße. Sie ist ungefähr 500 Meter lang und galt damals als eine wichtige Verkehrsader Tamsuis. Es gibt Dörfer auf dem Berg und man kann direkt zum Fährkai fahren. In den 50 Jahren seit dem Ende des 19. Jahrhunderts gab es viele Aktivitäten auf der Straße. Viele berühmte Fachleute im Bereich der Politik, Wirtschaft und Ausbildung, die erfolgreich sind, haben ihr Leben hier verbracht. Da die Straße auf Hügeln gebaut wurde, gibt es immer einen Höhenunterschied zwischen Häusern und Erde. Bis heute sind noch ein paar altmodische Stadthäuser bewahrt, so dass man die klassische Atmosphäre noch genießen kann.

Uns gefällt die Chungjian-Straße

(China Times/ 02 12 2013/ Xie Xing-En berichtet) Auf der 230-jährigen Chungjian-Straße gibt es noch vier historische Sehenswürdigkeiten. Angesichts der öffentlichen Sicherheit hat die Stadtverwaltung von Neu-Taipeh die Entscheidung getroffen, eine Straßenverbreiterung auf der zweiten Stufe zu beginnen. Die Kulturarbeiter haben dagegen im Internet die Protestaktion, , Uns gefällt die Chungjian-Straße" initiiert. Sie hat über 100 Befürworter gesammelt und ihre Meinung wird auf sanfte Weise geäußert. Mit friedlicher Vorgehensweise fordern sie die Regierung auf, die Chungjian-Straße in ihrem jetzigen Zustand zu belassen. Die nur ungefähr 380 Meter lange Straße wurde komplett mit Steinen gebaut. Wenn man durch die Straße geht, sieht man an den beiden Seiten alte Häuser, die eine geschichtsträchtige Atmosphäre erzeugen.

Die Einwohner meinten, dass man noch einige Einschusslöcher aus dem Chinesisch-französischen Krieg auf den Wänden sieht. Die Straße dokumentiert das Entstehen und Vergehen Tamsuis.

Das Weiße Haus

Das Weiße Haus befindet sich am Hang neben der Sanmin-Straße und wurde im Jahr 1875 gebaut. Wegen der grauen und weißen Wände des Hauses hat es seinen Namen bekommen. Vom Hörensagen hat ein reicher Kaufmann Lin Ben-Yuang den Bau des Hauses finanziert und dieser wurde von einem Anhänger von Dr. Mackay, Yan Qing-hua, ausgeführt. Später wurde das Haus an eine jüdische Firma vermietet. Schließlich wurde das Gebäude als Wohnung renoviert. Wegen eines Brandes wurde es im Jahr 1992 umgebaut. Das Haus war früher ein gutes Motiv vieler alter Maler. Jetzt sieht man die Ansicht des Hauses nur noch auf Gemälden. Die Kulturstiftung Tamsui hat dem Maler Xiao Jin-xing aufgetragen, das Aussehen des Weißen Hauses mit seiner Umgebung zu malen. Die Arbeit daran hat monatelang gedauert. Man kann durch die Malerei die Landschaften von Tamsui genießen. Das Gemälde wird als das lebhafteste und eindrucksvollste öffentliche Kunstwerk von Tamsui bezeichnet.

Das Rote Haus

Das Gebäude war früher die Luxusvilla des Schiffhändlers Lee Yi-he. Es ist genauso bedeutend wie das Weiße Haus. Das Haus wurde im Jahr 1899 gebaut. Wegen eines Unfalls, bei dem zwei Schiffe von Lee Yi-He gesunken sind, ist seine finanzielle Lage in Schwierigkeiten geraten. Daher wurde das Rote Haus im Jahr 1913 an einen Beamten der Stadtverwaltung Taipeh, Hung Yi-nan, verkauft. Herr Hung hat dem Haus den Namen Da-guan-Turm gegeben. Das Rote Haus wurde im westlichen Stil gebaut und hat ein ähnliches Aussehen wie das britische Konsulat in Tamsui. Es hat einen großen Vorgarten und bietet den besten Ausblick. Im Jahr 1963 wurde das Haus an das Ehepaar Hong Bing-jian, das ein Fischklöße-Geschäft führt, verkauft. Im Frühjahr 1999 wurde das Haus renoviert. Viele Experten aus den Bereichen Architektur, Geschichte und Kunst haben mitgemacht. Im Januar 2000 ist es in Form eines Restaurants und einer Galerie offiziell eröffnet worden.

Dialog

Q **Die Leute, die im Bereich Kunst und Kultur arbeiten, unternehmen einen milden Appell, die Alte Straße gut zu bewahren. Wie sind sie zusammen gekommen?**

A Jede historische Stadt in Taiwan hat ein „Werkstatt für Kultur und Geschichte" aus eigener Initiative, die Mitglieder treffen sich regelmäßig zur Diskussion. Ich glaube, dass sie durch das Internet zusammengekommen sind.

Q **Ich habe gehört, dass Taiwan die höchste Facebook-Benutzerrate in der Welt hat.**

A Im Moment benutzen immer mehr Taiwaner die App „Line". Früher wenn man mit öffentlichen Verkehrsmitteln fuhr, war es immer laut. Die Situation hat sich jetzt geändert, weil jeder mit seinem Handy beschäftigt ist.

Q **Die Treppen auf der Chung-jian-Straße sind sehr altertümlich und besonders. Die Stufen sind nicht so hoch, deshalb ist es nicht zu anstrengend, wenn man bergauf geht.**

A Genau. Die Treppen haben eine 100 bis 200 Jahre alte Geschichte. Niemand weiß, wie viele Leute sie betreten haben. Man kann sich aber schon vorstellen, wie viele Menschen es hier einmal gegeben haben muss. Weil hier be- und entladen werden musste, sind alle Treppen nicht zu hoch. Sogar die alten Leute können bequem gehen.

Q **Der Slogan „Uns gefällt die Chungjian-Straße" ist ein toller doppeldeutiger Spruch!**

A Die Aussprache von „gefallen" und „stehen" ist gleich im Mandarin. Aber „gefallen" bedeutet „Unterstützung und Zstimmung" und „stehen" bedeutet „Teilnahme und Besetzung".

Q **Das Rote Haus wurde sehr fein renoviert. Früher war es bestimmt großartig und prachtvoll.**

A Die Landschaft hier ist besonders schön. Es ist ein guter Ort, den Sonnenuntergang und die nächtliche Aussicht zu genießen. Lass uns mal nach oben gehen und einen Kaffee trinken.

Stichwörter

01. niedergehen: v. 沒落

02. Backstein: n. 磚

03. sedimentierend: a. 淤積的

04. bummeln: v. 散步、閒逛

05. Antiquität: n. 古董

06. Appell: n. 呼籲

07. Initiative: n. 主動的行動、倡議

08. altertümlich: a. 古意的

09. prachtvoll: a. 華麗的

10. Verkehrsader: n. 交通要道

11. Protestaktion: n. 抗議活動

12. Befürworter: n. 支持者

13. Einschussloch: n. 彈孔

14. Kulturstiftung: n. 文化基金會

15. eindrucksvoll: a. 印象深刻

Tamsui 08

殼牌倉庫

DAS WARENLAGER DER FIRMA ROYAL DUTCH SHELL

Das Warenlager der Firma Royal Dutch Shell und der englischen Firma Carls befindet sich neben der U-Bahn-Station Tamsui und hat eine Fläche von ca. 9.900 Quadratmetern. Ab November 1894 hat die ausländische Firma Carls, die Tee exportierte, das Gelände gemietet. Im Jahr 1897 hat die Firma Royal Dutch Shell das Warenlager gekauft und danach vier Öllagerstätten und Gleise, die Tamsui mit dem Schienennetz verbinden, gebaut und das Geschäft mit Kerosin geführt. Der Geruch des Kerosins ist übel, deshalb nannten die Einwohner das Gelände „stinkende Ölhalle". Im Oktober 1944 wurde der Ort von der amerikanischen Armee bombardiert, und das Feuer konnte erst nach drei Tagen und Nächten gelöscht werden. Im Jahr 2000 wurde das Lagerhaus unter Denkmalschutz gestellt. Die Firma Shell hat den Grund der Kulturstiftung Tamsui gespendet. Im Jahr 2001 wurde hier die Gemeinde-Uni Tamsuis gegründet. Im Jahr 2011 wurde das Lagerhaus als Kulturpark Tamsuis geplant.

Die Gemeinde-Universität Tamsuis

Die Gemeinde-Uni Tamsuis wurde im August 2001 eingeweiht. Die Lehrpläne sind reichhaltig und vielfältig. Sie bietet viele Kurse an, die man normalerweise an der Uni nicht bekommen kann. Außerdem ist die Studiengebühr besonders niedrig. Alles in allem ist sie ein guter Ort, die öffenliche Bildung zu fördern. Die Schulordnung hat als Ziel der Uni ganz klar definiert, „lebenslanges Lernen herbeizuführen, die Qualität der Gemeinschaft zu befördern, Gemeinschaftsbildung zu stärken und die Zivilgesellschaft zu entwickeln". Die Besonderheit der Gemeinde-Uni Tamsuis ist, dass sie die Kurse mit historischen Sehenswürdigkeiten und lokaler Kultur verbindet, damit die Teilnehmer Tamsui besser kennenlernen können. Die Uni ist auch stolz auf ihre Unterrichtsräume, denn diese sind Sehenswürdigkeiten mit einer über hundertjährigen Geschichte.

Kulturpark Tamsui

Der Kulturpark Tamsui war früher das Warenlager der Firma Royal Dutch Shell. Nach der Renovierung von der Stadtverwaltung Taipeh wurde der Park 2011 offiziell eröffnet. Der Park hat eine Fläche von 1, 8 Hektar. Es gibt acht historische Gebäude in dem Park. Man sieht sogar noch die Gleise, mit denen man früher Öl transportiert hatte.

Die acht Gebäude wurden alle mit roten Wänden gebaut, sechs davon waren die Öllagerstätten, eins davon war der Pumpenraum und eins war der Heizkesselraum. Nach mehreren Betriebsübergaben und Kriegen wurde das Lagerhaus von Shell neu eröffnet. Im Park gibt es noch die

Gemeinde-Universität Tamsuis, einen Ausstellungsraum, eine Bühne unter freiem Himmel, einen Kunstsalon, eine ökologische Zone und ein Feuchtbiotop.

Yin-Shan-Tempel / Die Hakka-Stätte

Der Yin-Shan-Tempel wurde im Jahr 1822 gebaut und unter den historischen Denkmalschutz der 2. Klasse gestellt. Im Tempel verehrt man den Ding-Guang-Buddha, der eigentlich von der Hakka Bvölkerung in Südchina angebetet wurde. Das Aussehen des Tempels wurde so beibehalten, wie er ursprünglich in der Qing-Dynastie war, die Bausubstanz ist bis heute unbeschädigt. Der Tempel ist die einzige Stätte aus der Qing-Dynastie, die sich bis heute noch in gutem Zustand befindet. Die Stätte bot der Landsmannschaft einen Ort, wo sie sich treffen und gegenseitig Hilfe leisten konnten. Vor allem, weil in der Qing-Dynastie immer mehr Hakka-Bevölkerung aus Tingzhou nach Taiwan ausgewandert ist. Die Auswanderer aus Tingzhou hatten Angst vor Angriffen der Bevölkerung aus Zhangzhou und Quanzhou, deshalb haben sie an der Küste eine Siedlung gebildet und später eine Stätte gebaut. Die Auswanderer, die später angekommen sind, durften vorübergehend an der Stätte bleiben.

Dialog

Q Die Verbindung vom Denkmalschutzobjekt mit ökologischer Umwelt ist ja eine sehr gute Idee.

A Stimmt, hauptsächlich liegt es an dem Management. Im Jahr 2007 hat die Regierung das historische und ökologische Gebiet Bi-tzu-tou eingerichtet und dazu noch fünf historische Sehenswürdigkeiten aufgestellt, das sind der Yin-Shan-Tempel, der Friedhof für die Soldaten aus Hunan, das Warenlager von Royal Dutch Shell, der Wasserflughafen Tamsui und die Wetterstation Tamsuis.

Q Legen Taiwaner großen Wert auf Umweltschutz und Erholung?

A Schon seit den letzten 10 Jahren. Die Errichtung der Umweltschutzbehörde hat gut funktioniert. Das Ministerium für Kultur hat auch geholfen. Wert auf Freizeit und Umwelt zu legen, hat sich bei den Menschen naturgemäß herausentwickelt.

Q Es sieht so aus, dass Tamsui einen guten Kontakt mit der internationalen Gemeinschaft hat.

A Von der Geschichte her war Tamsui schon immer sehr international. Jetzt ist Taiwan nicht nur eine demokratische Gesellschaft, sondern auch sehr offen. Aber die Geschichte verschwindet ganz schnell, die Spuren der Geschichte müssen besonders sorgfältig bewahrt werden!

Q Gibt es besonders viele ältere Menschen an der Gemeinde-Uni Tamsuis ?

A Ja, viele Beamte, die schon in Rente sind, nicht fürs Leben sorgen müssen und immer noch sehr gesund sind, möchten an sozialen Aktivitäten teilnehmen. Andererseits hat sich die durchschnittliche Lebenserwartung in Taiwan erhöht, und die Bedürfnisse der älteren Leute ist auch gestiegen. Es gibt ein Motto in der asiatischen Gesellschaft: Leben und lernen!

Q Jetzt kapiere ich das, Tamsui ist ein Paradies für junge Leute, aber in der Zukunft kann sie auch eine Lieblingsstadt für die älteren Leute werden!

A Ehrlich gesagt, Tamsui ist ein wenig zu laut und der Verkehr ist auch überfüllt! Es wäre nur möglich, wenn wir die Umwelt opfern und bessere Verkehrsanbindungen aufbauen.

Stichwörter

01. Warenlager: n.		倉庫
02. Öllagerstätten: n.		儲油倉庫
03. Kerosin: n.		煤油
04. bombardieren: v.		轟炸
05. Wasserflughafen: n.		水上機場
06. Umweltschutz: n.		環境保護
07. Erholung: n.		休閒
08. sorgfältig: a.		細心
09. Bedürfnis: n.		需求
10. Betriebsübergabe: n.		經營移轉
11. Kunstsalon: n.		藝文沙龍
12. unbeschädigt: a.		未受破壞的
13. Auswanderer: n.		外移者
14. Angriff: n.		攻擊
15. vorübergehend: a.		暫時的

Tamsui
09

滬尾砲台

HUWEI FORT

Das Huwei Fort, das den Hafen von Tamsui schützte, liegt im Norden Tamsuis. Es hat ein Gelände von etwa 8 Hektar und wurde im Jahr 1886 unter der Führung vom damaligen Gouverneur Liu Ming-chuan gebaut. Obwohl die Festung viele Jahre lang der Öffentlichkeit nicht zugänglich war, wurde sie wegen ihrer langfristigen militärischen Bedeutung weiterhin instand gehalten. Auf dem Tor des Lagers sieht man heute noch die handschriftliche Inschrift «Nordtor-Schloss und Schlüssel» von Liu Ming-chuan. Die Spanier hatten hier auch schon eine Festung erbaut, und diese wurde später von den Holländern weiter verwendet. Die Holländer haben aber die Festung verbrannt, als sie sich zurückzogen. Die Qing-Regierung hat im Jahr 1808 mehr Truppen in Tamsui eingesetzt und im Jahr 1813 an dem heutigen Standort die Festung errichtet. Nach dem Chinesisch-Französischen Krieg hat die Qing-Regierung dem damaligen Gouverneur Liu Ming-chuan befohlen, die Verteidigung auf der Taiwan-Straße zu stärken. Während der japanischen Herrschaft haben die Japaner vier Geschütztürme demontiert und das Gelände in ein Kanoniertrainingslager umfunktioniert. Die Nationalistische Regierung Chinas hat dem Huwei Fort die Aufgabe, das Land zu verteidigen, wieder übertragen. Im Jahr 1985 wurde es von der Regierung als Denkmal zweiten Grades eingestuft. Nach der Renovierung wurde sie für das Publikum eröffnet.

Youchekou

Youchekou ist das alte Schlachtfeld der Schlacht am Huwei, die sich im Jahr 1884 ereignet hat. Die Legende besagt, dass das Schlachtfeld von den chinesischen Einwanderern aus Quanzhou vor 300 Jahren errichtet worden sei. Mitte des 18. Jahrhunderts gab es einen Kaufmann, dessen Nachname Guo war, der einen Ölladen hier eröffnet hatte, daher stammt der Ortsname „Youchekou". In der Nähe vom Youchekou gibt es einen Kai, der ein beliebter Ort für Hochzeitsfotografien ist. Von diesem Standort aus kann man gleichzeitig den Guanyin-Berg, den Tamsui-Fluss, die Fangschiffe und den Sonnenuntergang genießen. Der Zhongzi-Tempel ist der größte Tempel im Bezirk Tamsui. Jährlich am 9. September nach dem Mondkalender findet das Fest des Schiffbrennens statt. Vor 30 Jahren gab es einen düsteren Imbiss neben dem Tempel, der „Schwarzes Geschäft" von den Einwohnern genannt wurde. Der Imbiss ist bekannt für seine preiswerten gebratenen Rippchen mit Reis. Wegen einer Straßenerweiterung ist der Imbiss nicht weit von der ursprünglichen Stelle umgezogen. Während der Mittagszeit wird der Imbiss immer sehr stark besucht.

Chinesisch-Französischer Krieg/ Schlacht am Huwei

Im August 1884 hat die französische Armee Nordtaiwan okkupiert, die Kriegsschiffe sind eingefallen, der Chinesisch-Französische Krieg brach aus. Die erste Konfrontation wurde „Schlacht am Huwei" genannt. Der damalige Gouverneur Liu Ming-chuan hat die Wichtigkeit Tamsuis erkannt. Er hat sich Gedanken gemacht, ob die Franzosen entlang des Tamsui-Flusses direkt in den Stadtbezirk Taipeh eindringen würden. Daher hat er die Entscheidung getroffen, Keelung aufzugeben und die Truppen nach Tamsui zu verschieben.

Die französischen Kriegsschiffe haben die Festungen, die die

Qing-Regierung in Shalun, Zhonglun und Youchekou gebaut hatte, komplett zerstört. Der Gouverneur Liu Ming-chuan hat dem Kommandanten Sun Kai-hua die Aufgabe gegeben, die Befestigungen in Tamsui zu renovieren. Die Qing-Armee hat den Hafen mit Steinen gestopft, Seeminen eingesetzt, Mauern gebaut und die Festung rekonstruiert, um die Franzosen abzuwehren. Am 8. Oktober haben unter der Leitung des Kommandanten Sun Kai-hua die Qing-Armee und die mutigen Ureinwohner die Franzosen besiegt.

Die Qing-Regierung hat den Sieg der Schlacht nicht leicht bekommen. Die französische Armee hat die Küste 6 Monate lang blockiert, bevor sie sich zurückgezogen hat.

Schloss und Schlüssel am Nordtor

„Schloss und Schlüssel am Nordtor" ist ein Militärgelände im Norden von Taiwan. Nach der Schlacht am Huwei im Jahr 1885 hat die Qing-Regierung die Befestigungen verstärkt. Liu Ming-chuan hat den deutschen Teckniker Max Hecht als Aufseher verpflichtet und 31 Kanonen von den Engländern gekauft, die dann im Jahr 1889 installiert wurden. Die neuen Kanonen wurden nie im Krieg eingesetzt, daher befindet sich der Stützpunkt bis heute noch in gutem Zustand. Auf dem süd-östlichen Tor des Lagers sieht man noch heute die handschriftliche Inschrift «Nordtor- Schloss und Schlüssel» von Liu Ming-chuan. Diese ist auch die einzige verbliebene Festung, die unter dem Befehl vom Liu Ming-chuan gebaut wurde und einen bedeutenden historischen Wert besitzt. Dank des deutschen Technikers Max Hecht haben die Befestigungen perfekt funktioniert. Die Qing-Regierung hat ihm sogar eine Medaille verliehen und Belohnungen geboten. Er ist mit 39 Jahren in Taiwan gestorben und wurde auf dem Friedhof für Ausländer in Tamsui beerdigt.

Dialog

Q Von diesem Lager aus hat man eine weite und ausgezeichnete Sicht auf diesen Bezirk, es ist wirklich ein
guter Ort zum Überwachen.

A Hier ist der erste Hügel, oft als „Amselhügel" genannt, von der
sogenannten „Fünf-Tiger-Hügelkette" Tamsuis. Am anderen
Ende des Hügels ist der alte Golfplatz Tamsuis, der im Jahr
1919 von den Japanern gebaut wurde. Das Gelände war ursprünglich das Trainingslager der Qing-Armee.

Q Aus historischer Sicht haben die Bevölkerungen
von Tamsui und die aus der Provinz Hunan in China
eine Verbindung miteinander?

A Die Qing-Regierung hat eine Berufsarmee aus China, davon
ein großer Teil aus der Provinz Hunan, nach Taiwan geschickt.
Der Kommandant der Qing-Regierung von der Schlacht am Huwei, Sun Kai-hua, stammte ebenfalls aus der Provinz Hunan. Es
gibt sogar einen Friedhof für die Soldaten aus Hunan in Ganjen-
lin.

Q In Taiwan ist es sehr populär, dass frisch verheiratete
Paare sich in der Hochzeitskleidung fotografieren lassen. Dieser Trend hat China sogar beeinflusst.

A   Die Hochzeitsfotografie ist ein ordentliches Geschäft. Darüber hinaus gibt es eine „Brautkleid-Straße" in der Innenstadt von Taipeh. Fast alle Dinge der Hochzeitsfotografiebranche in China wurde von Geschäftsleuten in Taiwan entwickelt.

Q   **Werden für die Hochzeitsfotos immer die schönsten Landschaften als Hintergrund aufgenommen?**

A   Das ist die sogenannte „Außenaufnahme". Und natürlich müssen die ausgezeichnetesten Landschaften dabei sein. Wenn man ein großes Budget hat, kann man sogar die Fotos im Ausland aufnehmen lassen und gleichzeitig eine Hochzeitsreise machen. Oft ist der Fotograph der beste Reise-Entdecker.

Q   **Wenn das Ehepaar Hochzeitsfoto aufgenommen hat, ist es vielleicht weniger wahrscheinlich, dass es sich später scheiden lässt?**

A   Früher hatte Taiwan eine niedrige Scheidungsrate, jetzt schon ein bisschen höher. Aber wenn ein junges Paar sich streitet, wäre es vielleicht eine gute Idee, dass es sich die Fotos von der Hochzeit nochmal anschaut. Es ist sehr wahrscheinlich, dass sich die Ehepartner miteinander versöhnen.

Stichwörter

01. Festung: n.   砲台

02. Truppen: n.   軍隊

03. Kanoniertrainingslager: n.   砲兵訓練場

04. Friedhof: n.   墳墓

05. Hochzeitskleidung: n.   婚紗

06. Scheidungsrate: n.   離婚率

07. versöhnen: v.   和好

08. okkupieren: v.   佔領

09. Schlacht: n.   戰役

10. Legende: n.   傳說

11. Befestigung: n.   防禦工事

12. Inschrift: n.   碑文、題詞

13. Aufseher: n.   監造人

14. Belohnung: n.   獎賞

15. sich ereignen: v.   發生

Tamsui
10

漁人碼頭

DER FISCHERKAI

Der Fischerkai befindet sich an der östlichen Mündung des Tamsui-Flusses, sein Vorgänger ist der zweite Fischereihafen Tamsuis, der im Jahr 1987 gebaut wurde. Der Kai liegt ganz in der Nähe des Seebads Shalun und ist eine neuentwickelte touristische Attraktion in Tamsui. Im März 2001 wurde der Bau fertiggestellt und offiziell eröffnet. Er ist bekannt für den spektakulären Sonnenuntergang und die frischen Meeresfrüchte. Neben den Tourismus- und Freizeiteinrichtungen behält der Kai heute noch seine Funktionen als Fischereihafen. An dem Kai können ungefähr 150 Fischerboote und Segeljachten ankern. Das Theater am Ufer kann maximal 3.000 Zuschauer aufnehmen. Die weiße Schrägseilbrücke wurde am 14. Februar 2003, einem Valentinstag, eingeweiht, deshalb wird sie auch als Liebhaber-Brücke bezeichnet. Die Gesamtlänge der Brücke beträgt etwa 164,9 Meter, darauf kann man sich an dem Sonnenuntergang erfreuen. Man kann entweder über die Wasserstraße oder auf dem Landweg eintreffen. Daneben gibt es noch ein 5-Sterne-Hotel.

Die Liebhaber-Brücke

Die Liebhaber-Brücke ist eine Landschaftsbrücke für Fußgänger über den Fischerkai. Die hat eine Gesamtlänge von 164,9 Metern, eine Breite von 5 Metern und eine Höhe von 12 Metern. Die leicht gewölbte Brücke sieht aus wie ein Segel, aus der Ferne sieht sie weiß aus, aber wenn man ganz genau hinsieht, dann merkt man, dass das kein eintöniges Weiß ist, sondern mit zartem Violett und Rosa gemischt ist. Das Design der Brücke ist nicht nur fein, sondern auch romantisch. Dank des ausgezeichneten Blickfeldes ist es das populärste Wahrzeichen Tamsuis. Hier gibt es sogar eine schöne Legende: Wenn ein händchenhaltendes und herzverbundenes Liebespaar über die Liebhaber-Brücke geht, wird die Liebe zwischen den beiden süß bleiben. Aber wenn einer von dem Paar den Kopf umdreht oder die Hand loslässt, werden die beiden in der Zukunft zahlreiche Herausforderungen in der Beziehung bestehen müssen.

Der Liebhaber-Turm

Der Liebhaber-Turm hat insgesamt knapp 300 Millionen NT-Dollar gekostet und wurde im Mai 2011 eröffnet. Der Turm hat eine Höhe von 100 Metern. Der Turm bietet ein 360-Grad-Sichtfeld über Tamsui an. Jede Reise nach oben kann bis zu 80 Leute aufnehmen. Der Turm wurde in der Schweiz fertiggestellt und hatte eine Bauzeit von 4 Jahren. Er ist auch der allererste 100-Meter hohe Aussichtsturm Taiwans. Es gibt zusätzlich noch eine 360-Grad-drehende Kabine, wo man einen klaren Überblick über Tamsui bekommen kann. Die Kabine wurde mit Sicherheitsglas abgedeckt, deshalb muss man keine Sorgen um die Witterung haben. Sobald die Fahrgäste ihre Plätze eingenommen haben, dreht und steigt die Kabine langsam nach oben, damit die Fahrgäste die ganze Landschaft Tamsuis auf einmal genießen können.

Der Freizeitfischereihafen

Obwohl der Fischerkai immer noch die Funktion als Fischereihafen beibehält, hat er sich aber mittlerweile fast in einen Jachthafen transformiert, am Kai liegen oft viele kleine Jachten. Ihre Besitzer sind meist wohlhabende Menschen, die im Zentrum von Taipeh wohnen. Weil sie Wassersport treiben, haben sie Jachten gekauft und nutzen hier Parkplätze. Nur wenn sie Zeit haben, machen sie eine Spazierfahrt mit den Jachten. Außerdem ist hier auch eine der wichtigen Stationen auf der Blauen Fernstraße, oft stehen Schiffe von überall hier. Der blaue Himmel mit den Schiffen und Jachten auf dem klaren Meerwasser ist die schönste und auffälligste Szenerie im Norden von Taiwan.

Die Danjiang-Brücke

Die Danjiang-Brücke ist die erste Brücken-Viadukt-Kombination Taiwans und geht über den Tamsui-Fluss. In den späten 1980er Jahren wurde der Bauplan vorgestellt. Die Gesamtlänge beträgt etwa 12 Kilometer, einschließlich der Hauptbrücke von 900 Metern und der beidseitigen Verbindungstraße. Der Verkehr wird auf zwei Ebenen befördert. Die Brücke hat eine Breite von 44 Metern und eine Höhe von 20 Metern. Auf der unteren Ebene führt eine Schnellstraße über die Brücke mit einer Geschwindigkeitsbegrenzung von 100km/h, auf der oberen Ebene befindet sich die S-Bahn mit einer Breite von 8 Metern, der Bau kostet insgesamt 15, 3 Milliarden NT-Dollar. Das Bauprojekt wird im Jahr 2016 beginnen und vermutlich 2020 fertiggestellt werden. Bei ihrer Fertigstellung kann der Verkehr der Guandu-Brücke entlastet und das Entwicklungsprojekt der Danhai-Neugemeinde angetrieben werden.

Dialog

Q   Die Landschaft von Tamsui ist, wenn man aus der Höhe auf die Stadt hinabsieht, von ganz besonderer Art. Die ganze Stadt wirkt entspannt und voller Freude.

A   In der letzten Zeit wurde der Film „Beyond Beauty: Taiwan from Above"gedreht, der sehr neuartig und herzbewegend ist. Taiwan ist nach wie vor so schön wie damals, als die portugie-sischen Seefahrer vor 400 Jahren diese Insel entdeckt und sie „Ilha Formosa"genannt haben.

Q   Nach dem Hörensagen ist vielen Taiwanern durch diesen Dokumentarfilm bewusst geworden, welche Konsequenzen die moderne Zivilisation hat.

A   Genau! Wir müssen die Stadt vernünftig entwickeln. In der Zu-kunft wird die Danjiang-Brücke gebaut. Die Entwicklungser-laubnis der Brücke wurde erst nach einer mehr als 20-jährigen Diskussion erteilt.

Q   Eine Brücke in Tamsui zu bauen ist ja ein primäres und notwendiges Projekt, zu gegebener Zeit wird Tam-sui bestimmt mehr prosperieren als zuvor.

A Wir hoffen, dass es ein gesteuertes Wachstum gibt, sonst kommt es zu einer Überfüllung.

Q **Hier ist es viel los im Sommer, aber im Winter gibt es weniger Menschen, oder?**

A Im Sommer und Herbst ist hier sehr lebendig, es scheint ein exotisches Ressort zu sein. Hier finden Konzerte, Kunstmärkte statt. Das wichtigste ist, dass man jeden Tag den Sonnenuntergang und die vom Himmel gefärbten Wolken genießen kann. Im Frühling und Winter ist es regnerisch und kalt, daher gibt es weniger Touristen. Doch die lokale Tourismus-Industrie hat auch eine Menge attraktive Reisepakete zusammengestellt.

Q **Ich habe gehört, dass die Meeresfrüchte hier sehr frisch sind.**

A Der Hafen Tamsui behält immer noch die Funktion als Fischereihafen bei, deswegen gibt es viele frische Meeresfrüchte. Du solltest sie einmal probieren!

Stichwörter

01. Fischerkai: n.   漁人碼頭

02. Seebad: n.   海水浴場

03. Meeresfrüchte: n.   海鮮

04. herzbewegend: a.   感人的

05. Seefahrer: n.   水手

06. Konsequenz: n.   後果

07. Wachstum: n.   成長

08. Reisepaket: n.   旅遊套裝行程

09. Jachthafen: n.   遊艇碼頭

10. Fertigstellung: n.   峻工

11. Herausforderung: n.   挑戰

12. Liebhaber: n.   情人

13. Fußgänger: n.   行人

14. Aussichtsturm: n.   觀景塔

15. Fahrgast: n.   乘客

Tamsui
11

紅樹林

DER MANGROVENWALD

Sobald man aus der U-Bahnstation Hongshulin aussteigt, sieht man sofort die sattgrünen Mangroven. Im Jahre 1986 wurde das Mangrovengebiet unter Naturschutz gestellt. Das Gebiet ist ein Sumpfland und hat eine Gesamtfläche von 76 Hektar. Hier ist das größte Mangrovengebiet Taiwans zugleich das nördlichste der Welt. Diese kräftig wachsenden Mangroven haben ihren chinesischen Namen (Hongshulin = Roter Wald) von ihren roten Zweigen bekommen. Das Mangroven-Ökosystem ist von großem Nutzen für die Menschen. Die Mangroven bieten Schutz gegen Küstenerosion und die zerstörerische Wirkung von Flutwellen. Außerdem gewähren die Mangroven auch zahlreiche Fischereiressourcen. Viele Wasservögel nutzen das reiche Nahrungsangebot, sie nisten und pflanzen sich sogar in den Baumkronen fort. Die Mangroven bieten der Menschheit eine Landschaft des Küstenwaldes sowie Erholungsgebiete und stellen Brennholz zur Verfügung, deshalb werden sie auch „Wasserwald" oder „Paradies der Zugvögel" genannt.

Der Silberreiher

Der Silberreiher ist eine oft zu sehende Vogelart in Taiwan, normalerweise ist er aktiv am Wasser, die Nahrung des Silberreihers besteht aus Fischen, Amphibien und Insekten. Die Silberreiher sind in Gruppen lebende Tiere, und die Mangroven in Tamsui sind der größte Treffpunkt des Silberreihers. Über 100 Silberreiher leben hier. Jeden Nachmittag kann man viele Gruppen von ihnen am Himmel sehen und natürlich ihr Geschrei hören. Der Silberreiher ist ein großer, weißer Vogel und hat eine heilige Bedeutung. Der Silberreiher hat gemäßigte Schritte, eine edle Veranlagung, agile Bewegungen und einen eleganten Flug. Der Sage nach ist der Silberreiher ein glückbringender Vogel. Wenn sie neben den Reisfeldern leben, picken sie die Würmer auf und schützen den Reis.

Kandelia obovata

Die Mangroven zwischen Zhuwei und Tamsui bestehen komplett aus der Art Kandelia. Der chinesische Name bezieht sich auf das stiftartige Aussehen der Sämlinge. Die Länge beträgt etwa 10 bis 15 Zentimeter. Die Früchte der Kandelia keimen, wenn sie noch am Mutterbaum hängen. Die Sämlinge nehmen die Nährstoffe aus dem Mutterbaum auf. Wenn die Sämlinge voll aufgekeimt sind, lösen sie sich vom Mutterbaum und wachsen im Matsch. Selbst wenn einige Sämlinge nicht im Matsch liegen bleiben, finden sie einen passenden Lebensraum, indem sie sich von der Strömung treiben lassen. In einem Habitat mit hohem Salzgehalt, weichem Boden, Sauerstoffmangel und hohem Chloridgehalt ist die Viviparie die vorteilhafteste Methode der Fortpflanzung.

Der Ökoroute

Der Eingang der Ökoroute Tamsuis liegt genau neben der U-Bahnstation Hongshulin, die Route geht rund um das Ökogebiet und wurde aus Holz gebaut. Die Gesamtlänge ist kürzer als 1 Kilometer. Wenn man die Route entlanggeht, sieht man gleichzeitig den Guanyin-Berg, den Tamsui-Fluss und eine vielfältige Flora und Fauna. Auf dem Pfad kann man die Kandelia von nahem betrachten und sie sogar berühren. Die Winkerkrabben kriechen überall, in der Ferne jagen die Silberreiher auf dem Wasser. Neben der schönen Landschaft und den interessanten Lebewesen in der Gezeitenzone der Küsten ist dieser Ort ein Traum für Vogelliebhaber. Zudem ist es ein perfekter Ort, um das Ökosystem des Feuchtgebiets kennenzulernen. Von September bis Mai fliegen viele Zugvögel vorüber, weshalb das die beste Zeit für Vogelstudien ist.

Dialog

Q Es scheint, dass die Taiwaner den Silberreiher sehr mögen. Auf der Landstraße nach Tamsui kann man auch die Abbildungen des fliegenden Silberreihers sehen.

A Stimmt. In Taiwan gibt es sogar ein weit bekanntes Kinderlied. Der Text beschreibt, dass ein ohne alles dastehendes Kind sich in einen Silberreiher verwandeln möchte, sodass es Glück haben und Geld von der Straße auflesen kann.

Q Fliegen viele Arten von Zugvögeln vorbei an den Mangroven in Tamsui?

A Laut Statistik des Vogelvereins pendeln ungefähr 10 Arten von Zugvögeln durch dieses Gebiet. Es werden nicht allzuviele sein, weil Tamsui zu nah an der Innenstadt liegt und die Futtersuche relativ schwierig ist. Kleine Zugvögel werden hier öfter gesehen, besonders auf dem Flachland in Guandu. Da hat man sogar viele Hütten zur nahen Vogelbeobachtung gebaut.

Q Zählt das Guandu-Flachland als sogenanntes Feucht-gebiet? Wird das Gebiet geschützt ?

A Ja, ich glaube schon. Die Regierung hat das Gebiet als „Un-terentwickelte Zone" klassifiziert. Jetzt schenken die Taiwaner dem „Schutz des Feuchtgebiets"mehr Aufmerksamkeit und nutzen das Feuchtgebiet zu seinem Vorteil, z.B. das Gebiet als Naturschutzgebiet, als Ökologiepark oder als Erholungsgebiet.

Q Ich habe gehört, dass das Guandu-Flachland früher ein Sumpfgebiet und Qilian ein Hafen war.

A Viele Gebiete im Taipeh-Becken waren Sümpfe, einige Re-gionen liegen nur wenig höher als der Meeresspiegel, deswe-gen tritt oft Hochwasser. Das Metro-System Taipeh war schon mal überflutet und viele Wochen außer Dienst.

Q Ist Taipeh eine Stadt mit vielen Flüssen und Teichen?

A Regulierung von Wasserläufen war und ist immer noch eine wichtige Maßnahme Taiwans, und die Bürger mögen Wasser sehr gerne.

Stichwörter

01. Mangrovenwald: n.   紅樹林

02. sattgrün: a.   綠油油的

03. Naturschutz: n.   生態保護

04. Sumpfland: n.   沼澤區

05. Küstenerosion: n.   海岸侵蝕

06. Ökosystem: n.   生態系統

07. Silberreiher: n.   白鷺鷥

08. Kinderlied: n.   童謠

09. Zugvogel: n.   侯鳥

10. Flachland: n.   平原

11. Amphibien: n.   兩棲類

12. Kandelia obovata: n.   水筆仔

13. stiftartig: a.   筆狀的

14. Sauerstoffmangel: n.   缺氧

15. Ökoroute: n.   生態步道

16. Winkerkrabben: n.   招潮蟹

189

Tamsui
12

淡水小吃

DIE HÄPPCHEN IN TAMSUI

Tamsui ist ein traditioneller Fischerhafen und war ein wichtiger Handelshafen Taiwans, deswegen gibt es zahlreiche Nahrungsmittel, besonders Meeresfrüchte. Mit der Entwicklung der Verkehrsverbindungen, der Geschichte und der Region hat Tamsui eine reiche und vielfältige Esskultur entwickelt. Die bekannte Alte Straße von Tamsui hat eine lange Geschichte und eine abwechslungsreiche Esskultur. Hier gibt es viele verschiedene berühmte Häppchen, darunter Fischklöße, frittierte Fischchips, Eiseneier und „A-ge". Diese beliebten Häppchen stützen sich auf örtlichen Ressourcen und reflektieren die Grundnahrungsmittel der lokalen Einwohner, gleichzeitig werden sie von der Integration der Kulturen und der Sehnsucht der Gemeinschaft geprägt. Von speziellen Häppchen, die man in kleinen Läden kaufen kann, bis hin zu üppigen Gerichten mit Meeresfrüchten oder sogar exotischen Gerichten ist alles dabei. „A-ge" und Eiseneier sind die zwei außergewöhnlichsten Spezialitäten Tamsuis.

Fischklöße

Früher war Tamsui ein Fischerhafen. Die Fischfangmenge war so groß, dass ein Überangebot bestand. Die Meeresfrüchte werden nicht nur frisch auf dem Markt verkauft, sondern auch in verschiedenen Lebensmitteln verwendet, z. B. in Trockenfisch, Fischchips und Fischklößen. Die Außenschicht der Fischklöße besteht aus zerkleinerten mittleren und größeren Fischen (wie Haien oder Goldmakrelen), Mehl und Wasser. Die Füllung wird aus Hackfleisch hergestellt. Die Fischklöße werden auch in Suppen gekocht. Es entsteht dann ein reiches Aroma. Fischklöße gibt es weltweit, je nach Rezept unterscheiden sie sich aber nach Fischarten, Zubereitungen, Gewürzen und Zutaten.

Eisenei

Es gab früher einen Nudelstand am Fährhafen Tamsuis, deren Besitzerin „Oma A-Nian" genannt wurde. An regnerischen Tagen mit wenigen Gästen musste sie die Eier wiederholt kochen, um sie warm zu halten, zum Schluss waren die Eier dunkel, hart und klein geworden wie Eisen. Einige

Gäste waren neugierig und haben die Eier gekauft und probiert. Die Eier waren so geschmackvoll wie niemand es erwartet hatte. Sie wurden immer beliebter und bekamen den Namen „Eisenei", manchmal wurden sie auch „Omas Ei" genannt, und heutzutage gehören sie zu den speziellen Häppchen Tamsuis. Die Zubereitung der Eiseneier nimmt sehr viel Arbeit und Zeit in Anspruch. Die Eier müssen stundenlang in der Soße, die aus Sojasoße und fünferlei Gewürzen besteht, gekocht und in der Luft getrocknet werden. Dieser Prozess muss ein paar Tage lang wiederholt werden, bis die Eier endlich fertig sind.

Traditionelle Kuchen

In Tamsui gibt es zahlreiche alte Geschäfte, die traditionelle Kuchen backen. Die historischen Bäckereien halten sich meistens an die alten Rezepte und bieten vielfältige Geschmackserlebnisse an. Jeder Kuchen erinnert einen an alte Zeiten. Wenn man in einen Kuchen beißt, verspürt man den tiefgehenden Eindruck der lokalen Kultur, deshalb ist er ein repräsentatives Essen Tamsuis. Eine der Bäckereien, die „Shin-sheng-fa" heißt, hat sogar im Jahr 1984 eine goldene Medaille auf einem Backwettbewerb in Japan gewonnen. Nach taiwanischen Hochzeitsbräuchen bereitet die Familie der Braut viele Kuchen vor, um sie Freunden und Verwandten zu schenken. Die feinen Kuchen aus Tamsui werden am häufigsten ausgesucht.

Das Fischkloß-Museum

Um die reichen Meeresfrüchte vollständig zu nutzen, hat im Jahr 1963 die Firma „Tengfeng" frittierte Fischchips erfunden. Es war ursprünglich eine Beilage und wurde später zu einem Snack und Geschenk weiterentwickelt. Im Jahr 2004 hat der Geschäftsführer das erste Fischkloße-Museum Taiwans auf der Alten Straße eröffnet. Touristen dürfen gerne zu Besuch kommen, und sie können sogar eine DIY-Tour arrangieren. Das Museum hat 3 Etagen und einen Bereich von ca. 230 Quadratmetern. Im Erdgeschoss ist der Verkaufsbereich, in der ersten Etage befindet sich ein Ausstellungsraum, wo viele Fischereifahrzeuge, Antiquitäten, Fotos und sogar ein originelles französisches Gewehr (Fusil Gras M80 1874), das der französischen Marineinfanterie gehörte und während des Chinesisch-Französischen Krieges benutzt wurde, gezeigt werden.

A-ge

Der Name „A-ge" stammt von „aburaage", dem japanischen Namen für frittierte Tofus. A-ge besteht aus einem ausgehöhlten frittierten Tofu, mit Glasnudeln gefüllt, die Öffnung mit Surimi bedeckt. A-ge werden zuerst gedämpft und serviert mit süßer Chilisoße und häufig mit Fischsuppe oder Kalbsknochensuppe gegessen. „A-ge" ist der einzigartigste Snack Tamsuis, der im Jahr 1965 von Yang-Zheng Jinwen erfunden worden ist. Um keine Überreste zu verschwenden, hat sie diese spezielle Speise ausgedacht. Das originelle Lokal liegt auf der Zhenli-Straße und verkauft Frühstück und Mittagessen.

Dialog

Q **Reisen viele Touristen nach Taiwan ausschließlich wegen des leckeren Essens?**

A Taiwan ist bekannt für das vielfältige Essen. Seinesgleichen findet man nur in der Mittelmeerküche oder in der japanischen Küche. Außerdem kann man in Taiwan verschiedenartige Speisen aus ganz China genießen. Selbst in Hong Kong oder China gibt es keine solche Vielfalt.

Q **Was ist der Unterschied zwischen Delikatesse und Häppchen?**

A Die Delikatesse ist ein offizielles Essen mit 10 bis 12 Speisen. Ein Häppchen ist ein kleiner Snack, den man auf dem traditionellen Markt oder Nachtmarkt finden kann.

Q Ich habe gehört, selbst bei einem Staatsbankett werden ausländischen Gästen die lokalen Häppchen angeboten.

A Richtig! Manche Häppchen findet man gar nicht in anderen Gebieten oder Ländern und sind richtig „taiwanisch"!

Q Wie viele Sorten von taiwanischen Häppchen gibt es?

A Ich denke, es hat niemand gezählt. Der Geschmack und die Zutaten des gleichen Häppchens unterscheiden sich sogar nach Regionen! Der Nachtmarkt ist der beste Ort, Häppchen zu probieren. Manche Restaurants haben auch einige Häppchen im Menü, aber leider nicht alle.

Q Wenn man nach Taiwan reist, darf man den Nachtmarkt nicht verpassen!

A Aber ich muss dich darauf aufmerksam machen, dass der hygienische Zustand, der Service und die Qualität auf dem Nachtmarkt nicht immer ideal sind. Das solltest du nicht vergessen.

Stichwörter

01. Häppchen: n.   小吃

02. Esskultur: n.   飲食文化

03. Fischkloß: n.   魚丸

04. üppig: a.   豐盛的

05. Delikatesse: n.   美食

06. Staatsbankett: n.   國宴

07. Geschmack: n.   口味

08. hygienisch: a.   衛生的

09. Marineinfanterie: n.   海軍陸戰隊

10. einzigartig: a.   獨特的

11. Überangebot: n.   供過於求

12. Zubereitung: n.   製作方式

13. Fischfangmenge: n.   漁獲量

14. tiefgehend: a.   深入的

15. repräsentativ: a.   代表性的

Tamsui
13

淡水藝文

DIE KÜNSTLERISCHEN AKTIVITÄTEN IN TAMSUI

In alten Zeiten, als die Chinesen nach Taiwan einwanderten, war Tamsui nicht nur ein wichtiger Eingang, sondern auch eine Festung, die die Mächte anfochten, um sie zu erobern. Taiwan war mal eine japanische Kolonie für ein halbes Jahrhundert. Früher war Tamsui ein internationaler Handelshafen, deshalb stehen heute noch viele historische Sehenswürdigkeiten und Kulturdenkmale da. Das hervorragende Gelände ist ein Plus, weil hier die Berge und das Meer sich verbinden und die Schifffahrt ungehindert ist. Darum hat Tamsui eine reiche Kultur, die Stadt ist immer energiegeladen und die künstlerische Neigung ist den Einwohnern ans Herz gewachsen. Seit alten Zeiten finden regelmäßig private künstlerische Aktivitäten statt, zum Beispiel die Tempel-Messe und Volksfeste wie Musik- und Theateraufführungen. Heutzutage gibt es Veranstaltungen und Planungen wie das Tamsui-Kunstfest, das asiatische Kunstdorf und den Cloud Gate Tanzpark. Die Vorteile von all diesen künstlerischen Vorführungen in Tamsui sind der reiche Kulturhintergrund, die legendäre Geschichte, die internationale Perspektive, die ausgezeichnete Landschaft, die lebendigen Geschäftsaktivitäten und der bequeme Verkehr.

Ein-Tropfen-Wasser-Gedenkstätte

Die Ein-Tropfen-Wasser-Gedenkstätte liegt auf der linken Seite des Huwei-Forts. Das Gebäude hat eine Geschichte von mehr als 100 Jahren, es war ursprünglich ein Wohnhaus in der Präfektur Fukui in Japan und wurde von dem Vater des japanischen Schriftstellers Mizukami Tsutomu gebaut. Das Haus bekam den Namen nach dem Spruch von Mizukami Tsutomu: „Ein Tropfen Wasser hat unendliche Möglichkeiten". Dieses Gebäude hat das Erdbeben von Kobe im Jahr 1995 überstanden. Der Hausbesitzer hat das Haus gespendet, damit die unter dem Erdbeben leidenden Bewohner einen Ort finden können, sich zu beruhigen. Am 21. September 1999 ereignete sich ein großes Erdbeben in Taiwan, die Opfer vom Erdbeben von Kobe sind nach Taiwan geflogen und haben beim Wiederaufbau geholfen. Später haben sie sich entschieden, Taiwan das japanische Wohnhaus zu schenken. Nach einem Aufwand von mehr als einem Jahr und der Teilnahme von mehr als 1.300 Freiwilligen wurde der Umzug am 16. August 2009 vollzogen. Am 29. März 2011 wurde die Gedenkstätte offiziell eröffnet.

Die Tempel-Messe in Tamsui

Die Tempel-Messe ist ein Fest, bei dem man Dankbarkeit für Gott und Ehrfurcht vor Gott zeigt. Normalerweise wird es mit einem

„Bankett im Freien" gefeiert. Das Volksfest ist eine Versammlung der Verwandten zu einem großen Festessen. Früher, als die Chinesen nach Taiwan einwanderten, um sich vor Akklimatisierungsproblemen, Seuchen, Naturkatastrophen und Krieg zu schützen, haben sie Schutzgötter aus der Heimat mitgenommen in der Hoffnung, dass sie ein friedliches und gesichertes Leben führen können. Heute ist die Tempel-Kultur ein  wichtiger Teil des Lebens für Taiwaner geworden. Die Tempel-Messe in Tamsui ist eigentlich die Feier vom Zushi-Tempel. Es findet einmal im Jahr am 6. Mai nach dem Mondkalender (etwa Mitte Juni nach dem gregorianischen Kalender) statt. Die ganze Stadt ist auf den Beinen und der Verkehr muss streng geregelt werden.

Das Tamsui-Kunstfest

Das Kunstfest von Tamsui findet seit Oktober 2008 einmal im Jahr statt. Das Thema für 2013 war „Welt-Kaleidoskop" und hat die multikulturelle und exotische Seite Tamsuis aufgezeigt. Es gab insgesamt 50 Teams, mehr als 1.500 Leute haben daran teilgenommen, darunter viele Künstler und Einwohner der Gemeinden. Alle Beteiligten zusammen haben die Geschichte, die  Legende, die Kultur und das Alltagsleben Tamsuis in kreative Werkstoffe umgewandelt. Durch den künstlerischen Umzug und das Umwelt-Theater wurde die 400-jährige künstlerische Kultur Tamsuis gut präsentiert. In den letzten Jahren machen immer mehr internationale Kunstorganisationen mit, deshalb ist das Kunstfest immer attraktiver geworden.

Dialog

Q Es gibt eine berührende Geschichte über die „ein-Tropfen-Wasser-Gedenkstätte", die Beziehung zwischen Taiwan und Japan ist sowohl außerordentlich als auch intensiv!

A Der inoffizielle Austausch zwischen Taiwan und Japan war schon immer sehr intensiv und fruchtbar, im Bereich des Tourismus ebenso wie im Bereich des Handels. Nur wenn man die Erfahrungen austauscht, kennt man sich gegenseitig besser.

Q Das „Cloud Gate Tanztheater" ist das bekannteste Ensemble Taiwans, der Cloud Gate Tanzpark wird bestimmt in der Zukunft die künstlerischen Vorführungen in Tamsui antreiben.

A Ich habe gehört, dass das Cloud Gate Tanztheater Tamsui ausgesucht hat! Zu gegebener Zeit wird der ganze Park offiziell eröffnet, die Bürger können gern zu Besuch kommen und die Aufführungen genießen.

Q Die Menschen aus dem Westen nehmen Rind oder Ziege als Schlachtopfer, warum ist das Schwein das Schlachtopfer in Taiwan?

A In der Vergangenheit zog fast jede Familie in Taiwan Schweine auf. Das chinesische Zeichen für „Familie" macht klar, nur wenn man zu Hause ein Schwein hat, kann man eine Familie aufbauen. Weil die Büffel den Bauern viel geholfen haben, nutzten die Menschen in Taiwan eher Schweine als Schlachtopfer.

Q Es wird gesagt, dass das Züchten von riesigen Schweinen ein spezieller Beruf ist, dafür gibt es sogar einen Wettbewerb?

A Den Preis zu gewinnen ist eine Ehre und auch ein Respekt vor Gott. Das schwerste Schwein hatte ein Rekordgewicht von 1010 Kilogramm. Das ist nur möglich unter langjähriger und intensiver Betreuung. Der Gewinner wird normalerweise ein Festessen auf der Straße arrangieren und den Gästen Schweinefleisch verschenken.

Q Ich glaube, es wäre eine gute Idee, wenn man das Volksfest, die Tempel-Messe und das Tamsui-Kunstfest verbinden würde.

A Ach, du bist ja ein passender Kandidat für unseren Kulturminister!

Stichwörter

01. ungehindert: a. 不受阻礙的
02. energiegeladen: a. 充滿活力的
03. Vorführung: n. 表演
04. Gedenkstätte: n. 紀念館
05. austauschen: v. 交流、交換
06. Ensemble: n. 演藝團體
07. Schlachtopfer: n. 犧牲祭品
08. Wettbewerb: n. 比賽
09. Akklimatisierung: n. 適應水土
10. Naturkatastrophe: n. 天災
11. Kunstfest: n. 藝術節
12. multikulturell: a. 多元文化的
13. exotisch: a. 異國風情的
14. Präfektur: n. 地方行政長官的職位
15. Erdbeben: n. 地震

淡江大學

Tamsui
14

TAMKANG-UNIVERSITÄT

Die Tamkang Universität ist eine Universität ohne religiösen und unternehmerischen Hintergrund, und sie ist bekannt für ihre akademische Freiheit. Tamkang ist auch eine Universität ohne Ummauerung. Am Anfang der Gründung haben viele Einwohner in Tamsui Grundstücke oder Geld gespendet, was dem Aufbau sehr geholfen hat. Die Studenten und die Einwohner genießen das Unigelände gemeinsam, das kennzeichnet die Uni. Tamkang wurde im Jahr 1950 von Chang Ching-sheng und dessen Sohn Dr. Clement C. P. Chang als Junior College of English gegründet. 1958 wurde es zum Tamkang College of Arts and Sciences umgewandelt und 1980 zur Tamkang Universität ausgebaut. Diese verfügt heute über acht Colleges auf vier Campus-Anlagen, dem Tamsui Campus, dem Taipeh Campus, dem Lanyang Campus und dem Cyber Campus. Um die mehr als 27.000 Studierenden kümmern sich 2100 wissenschaftliche und administrative Mitarbeiter. Die Zahl der Alumni beträgt über 240.000. Die Tamkang Universität ist auf eine umfassende Forschungsuniversität ausgerichtet, eine Universität, die Wissen erzeugt. Nach der jährlichen Umfrage der Zeitschrift Cheers, die 2000 Unternehmen in Taiwan befragt, welche Absolventen von welcher Universität nach der Einstellung am meisten überzeugen würden, standen die der Tamkang Universität unter den privaten Universitäten zum 18. Mal erneut an erster Stelle.

Palast-Stil-Klassen-zimmer

Die TKU ist sehr bekannt für ihre ausgezeichnete Landschaft und für die Gebäude. Früher wurden viele Fernsehserien und Filme hier gedreht. Das bekannteste Gebäude ist das Klassenzimmer in dem Palast-Stil der Tang-Dynastie. Das Gebäude wurde 1954 gebaut und hat grüne Dächer und rote Wände. Es liegt am Berghang und hat einen großen, grünen Rasen um sich herum. Im Korridor des Gebäudes gibt es eine Reihe Leuchten. Neben dem Gebäude ist ein Durchgang, es gibt neun Säulen, auf jeder Säule gibt es zwei Drachen und zwei Laternen. Wenn die Sonne untergeht am Nachmittag, werden die Laterne beleuchtet. Das Gebäude wurde von dem ersten Leiter der Architekturabteilung Herrn Ma entworfen. Es handelt sich um die ersten Massivbauten auf dem Tamsui-Campus. Die Klassenzimmer wurden im Jahr 1955 eröffnet, bislang haben sie eine Geschichte von mehr als 50 Jahren!

Das Maritime Museum

Das maritime Museum ist ein schiffförmiges Gebäude mit 2.134 Quadratmetern, früher waren es die Klassenzimmer der Handelsschiffabteilung, die Wiege für begabten Menschen für den Bereich der Seefahrt und Maschinerie. Der Präsident der Evergreen Group, Y. F. Chang, hat das Gebäude und die Einrichtungen gespendet. Im Jahr 1985 hat das Ministerium für Bildung beschlossen, die künftige Rekrutierung von Studenten auszusetzen. Nachdem die Studenten der letzten Klasse im Jahr 1989 das Studium absolviert hatten, wurde das

Maritime Museum renoviert, es ist damit das erste Museum seiner Art in Taiwan. Das Museum stellt sowohl alte als auch moderne Schiffsmodelle aus verschiedenen Ländern aus. Der damalige Vorsitzender der TKU, Lin Tian-Fu, hat seine private Kollektion von mehr als 50 Schiffsmodellen auch gespendet. Das Museum wurde im Juni 1990 eröffnet und der Eintritt ist kostenlos für die Öffentlichkeit.

Keks-Rollen-Platz der Universität

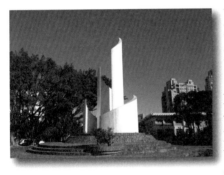

Der zentrale Platz der Universität war früher ein Gebäude mit zwei Etagen. Im Zentrum des Platzes befindet sich eine Skulptur, die im Jahr 1986 von Lin Kueo-jung, einem Absolventen der TKU, entworfen und errichtet wurde. Die Skulptur hat die Form von vier sich umschlingenden Bambusrollen, ursprünglich ein Symbol für Bücher. Aber weil es wie Keks-Rollen aussieht, hat der Platz den Namen „Keks-Rollen-Platz" bekommen. Aus der Vogelperspektive sieht die Skulptur wie ein Triebwerk aus, das sich ohne Unterlass bewegt. Die weiße, bogenförmige Skulptur ist schön sowohl am Tag als auch am Abend. Der umgebende Rasen ist nicht nur der Treffpunkt unterschiedlicher Clubs, sondern auch der Ort für die wichtigsten Großveranstaltungen der TKU. Für Studenten der TKU ist hier der beste Ort für Fotoshootings, der immer in der Erinnerung bleibt.

Die Hymne der Tamkang Universität

Texter/Zou Lu   Komponist/Lui Quan-Sheng

Der Fluss Tamsui heißt Schiffe willkommen, die tausende Meilen auf dem blauen Ozean gereist sind.

Hier führen Gelehrte und Edelmänner alte und neue Ideen zusammen.

Durch kluges Handeln im Rahmen eines passenden Systems kann die Welt geformt werden durch Wissen und Weisheit.

Im Streben nach Erfolg unterliege niemals der Versuchung der Arroganz.

Demut und Offenheit sind die Schlüssel zur Vorzüglichkeit.

Du bist der beste deiner Generation und ein herausragender Repräsentant eines Volkes.

Geh voran und nutze den Tag!

Dialog

Q 17 Jahre in Folge sind Unternehmen von den Absolventen der Tamkang Universität überzeugt, und die Uni steht auf Platz eins von den privaten Universitäten, Platz acht von ganz Taiwan! Die Studenten von Tamkang sind wirklich ausgezeichnet.

A Der Hauptgrund dafür ist, dass Tamkang eine umfassende Forschungsuniversität ist und ein positives öffentliches Image genießt. Außerdem ist die akademische Atmosphäre sehr frei, die Verwaltung sehr zukunftsorientiert und flexibel. Der Gründer hat drei Schwerpunkte benannt:Internationalisierung, Informationalisierung und Zukunftsorientierung.

Q Tamkang hat weit über 240.000 Alumni, das soll eine vorteilhafte Ressource sein.

A Wenn man genauer zählt, hat einer von hundert Taiwanern einen Abschluss an der Tamkang Universität, das sind Sprecher für Tamkang. Es gibt sogar eine Familie, deren Mitglieder sind Alumni von Tamkang über drei Generationen.

Q Vor noch nicht zu langer Zeit hat die Universität ihr 60. Jubiläum gefeiert. Fällt einem Tamkang Universität sofort ein, wenn man über Tamsui spricht?

A Ja, die Tamkang Universität liegt ja in Tamsui, und Tamsui ist eine Universitätsstadt. Außer der Tamkang Universität gibt es noch die Aletheia Universität, die St. John´s Universität, das Taipei College of Maritime Technology und das Guandu Christ College, insgesamt fünf Institute für die Hochschulbildung.

Q Was vermissen die Alumni am meisten von der Universität?

A Natürlich den Campus! Vor allem die altertümlich wirkenden Palast-Stil-Klassenzimmer. Jedes Jahr im März, wenn die Alumni zu Besuch kommen, gehen sie bestimmt dorthin.

Q Von der Tamkang Universität stammen viele Volkslieder, hier ist die Musik-Kultur bestimmt sehr populär.

A Es gibt keine Musikabteilung, aber ein feines Konzerthaus. Es gibt auch sehr viele musikalische Veranstaltungen. Viele Sänger haben hier studiert. Viele Alumni arbeiten auch in der Kultur- und Kunstbranche oder im Showgeschäft. Weil der Campus schön ist, haben die Studenten auch einen guten Geschmack.

Stichwörter

河岸自行車道

Tamsui
15

RADWEG AM UFER

Der Radweg von Tamsui bis Hongshulin wurde entlang des Ufers gebaut und hat eine Gesamtlänge von ca. 2,5 Kilometern. Man kann vom Fischerkai bis zur Guandu-Brücke, weiter links zum Bali Radweg abbiegen und dann bis zum Shihsanhang-Museum für Archäologie fahren. Nur Fußgänger und Fahrräder sind auf dem Fahrweg erlaubt, deshalb ist die Radtour sicher und bequem. Auf einer Seite von dem Radweg sieht man die grenzenlose Küstenlandschaft und die dichten Mangroven, auf dem Weg gegenüber fährt die U-Bahn. Wenn man sich in der schönen Umgebung befindet, kann man die ausgezeichnete Landschaft auf einmal genießen. Auf dem Radweg sind Aussichtsplattformen eingerichtet. Oft fliegen Silberreiher vorbei, Winkerkrabben kriechen und Schlammspringer rüberspringen. Hier ist der beste Ort, die Landschaft des Tamsui-Flusses und des Guanyin-Bergs zu besichtigen. Man kann auch viele Vogelschwärme sehen und den Sonnenuntergang genießen.

Das Fahrradfahren an Ferientagen

Seit 2002 plant die Stadtverwaltung Taipeh Radwege am Ufer der vier Flusssysteme in der Stadt, entlang des Tamsui-Flusses, des Keelung-Flusses, des Jingmei-Bachs und zum Schluss des Xindian-Bachs. Der Bereich beginnt im Süden in Jingmei, erstreckt sich bis zum Osten in Neihu und bis zum Guandu-Feuchtgebiet im Norden. Die Gesamtlänge beträgt 111 Kilometer. Nach unterschiedlichen Landschaften entlang des Flusses hat die Stadtverwaltung drei verschiedene Freizeitsradwege ausgelegt, den Guandu-Radweg, den Goldwasser-Radweg und den Radweg am linken Ufer von Bali. Schöne Landschaften, reiche Kultur und historische Sehenswürdigkeiten sind entlang des Radwegs zu finden. Den Stadtbewohnern wird eine gute Auswahl für die Freizeit angeboten. Nach wie vor sind die Radwege sehr populär und das Fahrradfahren an Ferientagen ist ein Trend in Taiwan geworden.

Die Radwege am Ufer

Taiwan genießt eine Reputation als „Fahrrad-Königreich". Die Firmen „Giant" und „Merida" sind längst auf der Liste der Top 10 Fahrrad-Bestseller der Welt. Jährlich produziert Taiwan 4,4 Millionen Fahrräder. Viele weltbekannte Fahrradmarken haben die Fabriken in Taiwan mit der Produktion beauftragt. Ungefähr 2,7 Millionen Menschen fahren  Fahrrad als Sport und 700.000 Menschen nutzen es als Verkehrsmittel. Der Fahrradtour rund um die Insel ist die populärste Sportart in Taiwan. Taiwan hat derzeit 40 abgeschlossene Radwege, insgesamt sind sie 1.180 Kilometer lang. Die Radwege werden meistens am Ufer gebaut. Die Strecke von Tamsui bis Xindian beträgt 60 Kilometer und ist an Ferientagen immer voll. Einerseits kann man Sport treiben, andererseits erreicht man auch das Ziel, indem man eine ökologische Reise macht.

U-bike

Die Stadtverwaltung Taipeh hat „Giant" den Auftrag für die Einrichtung und den Betrieb für das U-bike-Verleihsystem gegeben und mit der Marke „You bike, Smile bike" betrieben. Es ist ein Self-Service-System, das im März 2009 als Probebetrieb eingeführt und seit November 2011 offiziell aktiviert wurde. Jetzt hat das Youbike-System mehr als 130.000 Mitglieder, die gesamte Zahl der Ausleihen ist über eine Million. Bis Februar 2014 gibt es ingesamt 158 Ausleih-Stationen in Taipeh. Das öffentliche Fahrradsystem hatte am Anfang der Inbetriebnahme sehr schwere Defizite, später wurde die Regel geändert, dass jeder das Rad nur für die ersten 30 Minuten kostenlos fahren darf. Immer mehr Stationen werden jetzt gebaut, deswegen nutzen immer mehr Leute das System. Jetzt ist das Radfahren ein Trend in Taipeh geworden, und man sieht die Fahrräder auch auf den Radwegen in Tamsui.

Dialog

Q Ich habe gehört, dass du schon einmal mit dem Rad rund um Taiwan gereist bist, wie viele Tage hat es gedauert?

A Die Gesamtlänge beträgt ca. 900 Kilometer, wir haben es in neun Tagen geschafft. Aber Profis können es in fünf bis sieben oder sogar in drei Tagen schaffen.

Q Warum fahren die junge Taiwaner besonders gern mit dem Rad rund um die Insel?

A Es ist ziemlich günstig und auch eine gute Möglichkeit, das Land besser kennenzulernen. Im Internet wurden 3 Sportarten in Taiwan verbreitet: mit dem Rad rund um die Insel reisen, auf den Yu Shan (Jadeberg) steigen und über den Sonne-Mond-See schwimmen.

Q Ich habe gehört, dass viele Unternehmen Fahrradtouren organisiert haben, um die Mitarbeiter zum Sport treiben zu motivieren.

A Der bekannteste ist der Vorsitzende King Liu vom Fahrradhersteller Giant. Er ist über 70 Jahre alt, trotzdem hat er schon mehrmals mit den hochrangigen Leitern der Firma Fahrradtouren gemacht.

Q Die U-bikes in Taipeh sind ziemlich bekannt, die Zeitschrift „Global Traveler" hat sogar einen Artikel darüber geschrieben.

A Die öffentlichen Fahrräder wurden im Jahr 2007 zuerst in Paris vorgestellt und daher ist Fahrradfahren ein Trend geworden, viele Großstädte der Welt sind dem Beispiel gefolgt. Das U-bike-Verleihsystem in Taipeh hat Paris als Beispiel genommen und das Kreditkarten-System und das Easycard-System kombiniert.

Q Dürfen ausländische Touristen auch Fahrräder ausleihen?

A Natürlich! Wenn man eine Easycard hat, braucht man sich nur bei der Abfragestation registieren zu lassen.

Stichwörter

01. Radweg: n. 自行車道

02. abbiegen: v. 轉彎

03. kombinieren: v. 結合

04. registieren: v. 登記

05. hochrangig: a. 高層的

06. motivieren: v. 激發、給...動機

07. öffentlich: a. 公共的

08. Mitglieder: n. 會員

09. Auftrag: n. 委託

10. Verleihsystem: n. 租借系統

11. Inbetriebnahme: n. 營運

12. Defizit: n. 虧損

13. Auswahl: n. 選擇

14. Reputation: n. 名聲

15. produzieren: v. 製造

Referenzen〔參考資料〕

淡江大學文學院，《金色記憶：淡水學用與辭典》，淡大，2002。

莊展鵬主編，《台灣深度旅遊手冊 2：淡水》，遠流，1990。

廖文卿主編，《淡水不思議》，新北市立淡水古蹟博物館，2013。

趙莒玲，《淡水心靈地圖》，黎明，2005

新北市政府官網：www.ntpc.gov.tw

淡水區公所官網：http://www.tamsui.ntpc.gov.tw

話說淡水

國家圖書館出版品預行編目資料

話說淡水 / 吳錫德編著;張福昌翻譯. -- 初版. --
新北市:淡大出版中心, 2015.04
　面;　公分. -- (淡江書系;TB009)
中德對照
ISBN 978-986-5982-79-9(平裝)

1.人文地理 2.新北市淡水區
733.9/103.9/141.4　　　　　　　103027053

淡江書系 TB009

話說淡水
Tamsui auf einen Blick　【中文德文對照】

作　　者	吳錫德
譯　　者	張福昌
插　　圖	陳吉斯
攝　　影	吳秋霞、林盈均、邱逸清、周伯謙、陳美聖、馮文星
封面設計	斐類設計工作室
美術編輯	葉武宗
中文錄音	張書瑜、張柏緯
德文錄音	周美鳳、張福昌
影音剪輯	方舟軟體有限公司 - 陳雅文
印刷廠	中茂分色製版有限公司

發 行 人	張家宜
社　　長	林信成
總 編 輯	吳秋霞
執行編輯	張瑜倫

出 版 者	淡江大學出版中心
出版日期	2015年4月
版　　次	初版
定　　價	**360元**

總 經 銷	紅螞蟻圖書有限公司
展 售 處	**淡江大學出版中心**
	地址:新北市25137 淡水區英專路151號海博館1樓
	電話:02-86318661　　傳真:02-86318660
	淡江大學—驚聲書城
	新北市淡水區英專路151號商管大樓3樓
	電話:02-26217840

ISBN 978-986-5982-79-9　　　　著作權所有・翻印必究